中学生心理成长读本

Hello，中学生

季德安/编著

一问一答轻松易懂，一读再读指点迷津

与智者对话，扫除心灵的灰霾

季大叔给中学生的100个忠告

南方日報出版社
NANFANG DAILY PRESS
中国·广州

图书在版编目（CIP）数据

Hello，中学生 / 季德安编著. —广州 ：南方日报出版社，2016.9（2017.9重印）
ISBN 978-7-5491-1473-3

Ⅰ. ①H… Ⅱ. ①季… Ⅲ. ①中学教育—文集 Ⅳ. ①G63-53

中国版本图书馆CIP数据核字(2016)第221999号

HELLO ZHONGXUESHENG

Hello，中学生 季德安 编著

出 版 人：周洪威
出版统筹：周山丹
责任编辑：方 明 曹 星
责任技编：王 兰
责任校对：阮昌汉
装帧设计：东尚视觉
出版发行：南方日报出版社
地 址：广州市广州大道中289号
电 话：（020）83000502
经 销：全国新华书店
印 刷：广州市怡升印刷有限公司
开 本：787 mm×1092 mm 1/16
印 张：13
字 数：200千字
版 次：2017年9月第2版
印 次：2017年9月第2次印刷
定 价：25.00元

投稿热线：（020）83000503 读者热线：（020）83000502
网址：http://www.nfdailypress.com/
发现印装质量问题，影响阅读，请与承印厂联系调换。

序

大约在我12岁那年，有一件事开始折磨得我寝食难安：我的同学里陆续有人开始学会骑自行车了，而且还有女生。我偷偷观察发现，他们经过了“干遛、掏裆、上梁、上座”几个动作的训练，大概用了半个月时间，就基本掌握了骑行技巧，其间也难免会摔跤。这一切使我非常焦虑，原因就是我没有勇气去尝试。为什么？因为我怕。怕什么？很多怕，怕摔跤、怕失败、怕被别人笑话等。于是，这种焦虑一下子就裹挟了我3年时间，其间一听到同学们议论骑自行车的事我就刻意回避，因为甚感羞愧，接着就是内心被愁云笼罩。我把这样的心情深深埋在内心深处，不敢和任何人倾诉或提起，直到读高一的某个周末，父亲恍然感觉我竟然还不会骑自行车，于是带我到了学校操场……10分钟后，我骑着车发现，父亲早已放了手，远远地在那看着我呢。

这件事给我带来的影响巨大：我忽然明白，原来这么多年，我都是被困难和恐惧欺骗了，什么事你不敢去尝试，那你永远也无法去战胜它；我也把我自己骗了，原来一直觉得自己什么都不如人，现在看来，自己完全不是个笨蛋，能在10分钟内学会骑自行车的人可能还真是不多。

后来的整个高中阶段让我性情大变，我可以在双杠上上下翻飞，举杠铃可以超过成年人，一向很差的立体几何居然也都被我整明白了……更重要的是，我再也不怕我母亲对我的恐吓了，我终于解放了，我是个没有恐惧感的人了，我简直就像一个在恐惧监狱里刑满释放的囚徒，开始呼吸自由的空气了。而且我明白了一个道理，那就是，勇气对一个人的一生至关重要。今天看来，虽然勇气也许不一定能给你带来荣华富贵，但一定能使你活得更加潇洒自如，少留遗憾。难怪丘吉尔说："在人类的各种优秀的品格里，勇气是最重要的品格。"

虽然我人生过半，但中学时代的许多事依然让我"忧思难忘"。看看每一个成年人，他们今天为什么是这个样子，很多都是在青春期塑造、定型而成的。而当我看到时常报道的中学生自杀、中学生抑郁症现象严重、中学生暑假溺水而亡、中学生离家出走等事件时，真的感到十分着急，但又苦于无能为力。

2014 年春节过后，我带女儿和她的好友去香港旅游，晚上无聊，就听她们讲起中学时的事情，当她的朋友讲起被老师打手板、粗鲁地咒骂，回家告诉父亲而父亲说"活该"的情景，依然愤愤。这下我着急了，我告诉她们，我要写一本关于中学生的书。

知己知彼，百战不殆。既然要写关于中学生心理和行为的书，当然有必要先看看这方面的相关书籍。于是我查阅了大量青少年心理学著作，确实收获不小，但也发现了一个奇怪的问题：我发现很难找到一本是写给中学生看的这类书，而大部分是写给中学生的老师和家长看的。绝大多数心理学家和教育学家煞费苦心地告诉家长和老师，应该如何如何来对付这帮"调皮捣蛋、沉默寡言、抗拒学习、离家出走、小偷小摸、脾气古怪"的青春期"怪兽"，却无形中把成年人塑造成了永远正确、道德高尚、知识渊博、经验老道的长者，并且可以放手让他们对中学生坐而论道、指指点点……这次请允许我也来“呵呵”一下吧，你不会以为这些家长和老师都是专家或者大师吧？当我们中学生遇到一个习惯大打出手、高声呵斥、制造冤案，或者知识贫乏、水平低劣的“专家”或“大师”，我们又该去找什么参考书，或找谁来告诉我们应该怎么办呢？

我想说，好吧，让我来告诉你。

既然老师和家长们可以找到那么多“对付”中学生的书，那现在就让我来写一本中学生怎样“对付”老师和家长的书吧！

那么本书是中学生的人生指导书吗？当然不是，他只是一本中学生生活参考书，而且并非标准答案；每个问题都是我个人的看法，充满了我个人的喜好和色彩，一如记英语单词，好方法可能有几十种，但我只说我了解的比较有效的一两种罢了。

本书罗列出500多个问题，它们来源于我的人生体验、对在校中学生的采访、各中学生贴吧、中学生网站等渠道。我也多次“潜伏”在中学生的QQ群，和一些中学生无所不聊。在这些地方，我感受到了现在中学生的喜怒哀乐。我印象很深的一次是看到一位同学在某县某中学贴吧中说：“我实在是一天都不想读这个高中了，我真的不是读书的料，但家人却对我充满期待，赶鸭上架，穷逼不舍，这更让我度日如年，精神面临崩溃。”我为这位同学感到难过，对他的难处感同身受。我无法认同这样的家庭教育，这是要把孩子往死里逼的节奏吗？

两千多年前，没有全国统一高考，孔子的学生也是在年龄、学识等各方面参差不齐，但他的解决办法是因材施教，谁适合干什么就干什么。人生幸福就好，一味望子成龙，并非优选。我赞成的目标是把孩子培养成一个健康快乐的普通人，最后到底普通不普通，可以留给他自己选择。但让孩子健康快乐成长，应该是我们教育的底线。

我理解的家庭教育，其核心就应该是对孩子“爱、鼓励和定规矩”，这三样缺一不可。这样看来，这本书让家长们看看也很合适吧。

最后，读者如果能从本书中的任何一个问题中获益，那我就已经很满足了，或者说，我的目的就已经达到了。

季德安

2016年7月30日

目录

第三章　与家人的关系 / 051

第四章　与老师的关系 / 075

第五章　与同学的关系 / 093

第六章　与社会的关系 / 113

导读关键词

第七章　学习问题 / 127

导读关键词

第八章　打造综合竞争力 / 137

导读关键词

第一章

心理健康问题

1. 我想知道母亲的行为对我们性格的形成到底有多大影响。

季大叔 母亲一直是人类歌颂的主要对象，但很遗憾，母亲也会犯错误，而且这种错误可能带来不良的后果。所以我认为，有些人的第一次思想解放，可能需要从对他母亲的批判开始。简单来说，母亲在我们童年所表现出的性格和行为，几乎影响着我们的一生：一个强势的母亲可能使你以后胆小怕事、患得患失；一个孱弱的母亲可能使你以后飞扬跋扈；一个适当严厉又不少爱的母亲可能使你成为一个自律性强、聪明上进的人才；一个大大咧咧、粗枝大叶的母亲可能使你性格开朗；一个只知溺爱的母亲可能使你以后自私自利、嫉妒心强；一个性格急躁、打骂孩子的母亲可能使你性格忧郁、脾气暴躁。总之，我主张，母亲不是神，母亲就是一个普通人，她也有她的性格，也会犯错；她不是真理的化身，需要把她拉下“神坛”。我们接受她对我们的爱，但要对她强加给我们的负面的东西进行批判，从心灵里清除，这样才能使我们走上社会时，成为一个方方面面都健康和正常的人，而这项工作是随着我们对社会认知的深入而逐渐完成的。我无法完全认同封建时代传承下来的对孝的定义，但我认同博爱。

2. 什么心理问题能对一个人造成最不好且最长久的影响?

季大叔 是恐惧心理。在很多人的一生中，童年时代的恐惧心理影响着他一生的行为。而最不幸的是，在青少年时代，仍然有新的恐惧环境让他陷入更深层的恐惧心理而难以自拔。这些恐惧心理最早来自父母亲，他们一些不经意的“吼叫”和不当的恐吓实际上已经对孩子造成了极坏的影响；接下来是在学校里受到部分老师以及“坏”孩子的恐吓。于是，防卫恐惧的堤坝在一个人心里就悄悄筑成了。出于防卫恐惧的本能，他可能会尽量变得少说话，会胡思乱想、无法集中精力学习，会尽量避开老师、不愿意参加一些活动，等等。这一切最终可能导致成绩下滑，使他成为“非优秀”学生。直到青春期的来临，给了这些孩子一个重新认识世界和自己的机会，他们迎来了第一次思想解放，一部分同学抛弃了“部分”恐惧，也使学习有了一些突破。但也有部分同学走向了恐惧的反面，开始了对父母和老师的全面反抗，把事情引向了更糟糕的另一端，演变成了“问题少年”。如果整个社会的开放度不够和治理有缺陷，中学生依然会延续着童年的恐惧心理，并且会增加新的恐惧心理。比如，对学业压力的恐惧、对男女关系的恐惧、对学校苛刻管理制度的恐惧、对说错话的恐惧等。于是，一个胆小怕事的人炼成了。到成年后我们会看到形形色色的人，特别是一生无所作为的人，无不或多或少受此因素的影响。

3. 我发现自己有同性恋倾向，那我就是同性恋者了吗？

季大叔 有倾向不等于就是，这个还需要得到确认。也就是说，在每个人的基因里，都或多或少有点同性恋的种子，而最后到底是异性恋的种子成长了，还是同性恋的种子成长了，或者是双性恋的种子成长了，是在青春期后才能确定的。在感觉模糊的初期，你可以这样检验一下自己：（1）你对一个同性有好感并近乎依恋，这还不能说明什么问题；（2）你在视频和图画中，看到同性裸体比看到异性裸体更感觉兴奋，这证明你的同性恋倾向趋于强烈；（3）有时会对你依恋的同性产生醋意，并对异性完全失去兴趣，这时就可以确认你是个同性恋者了。

4. 我是女孩，才 15 岁，接到异性同学传递好感的信号该怎么办？

季大叔 （1）可以先得意一下，毕竟这证明你还不错，有一定的魅力。（2）如果你还没有做好开展一场恋爱的准备，对有好感者就尽量保持一定的距离，不与其单独出入。（3）保持平常心，把这件事看得很平常，因为许多女生的成绩突然下滑，都是在这个年龄和遭遇这类事情之后发生的，你越在意，问题越麻烦。（4）替对方保密，严禁炫耀。

5. 我是16岁的男生，最近总是有性幻想，很困惑。

李大叔 正常，大叔记得曾看过一部意大利电影，叫《西西里的美丽传说》，里面的少年痴迷漂亮的成年女人，荷尔蒙闹得他在床上手淫，结果被他爸爸揍了一顿。但令我出乎意料的是，第二天他的爸爸直接把他带到了妓女那里，让他去发泄一下，这使我大开眼界。说心里话，单从人的生理角度看，他的父亲做得很对，因为在青春期性成熟的孩子，荷尔蒙日益旺盛，如果没有正确疏导好，会产生很麻烦的后果。比如，常常陷入性幻想，无法专注学习，经常手淫，脾气变得暴躁，有暴力倾向等。但矛盾的是，对此你很难有什么正常的处理渠道，找妓女既不合法，也不安全健康，我不会像那个爸爸一样这样教你。那找个女朋友吧，恐怕也难，因为这很难被你的家人、学校、老师和整个社会接受，你的社会经验和能力也未必能把控一场恋爱。那到底该怎么办呢？现在有些学校考虑到了这个问题，他们会经常举办一些体育活动，诸如登山、自行车赛等，作为应对学生青春期的办法。一百年前的弗洛伊德就说过：“在人的潜意识里，人的性欲一直是处于压抑的状况，社会的道德法制等文明的规则使人的本能欲望时刻处于理性的控制之中。”今天似乎这个问题还是无解。大叔要说明一下，在西方国家，没有“早恋”这个词，他们认为要以人的自然发育为根据来看待这个问题，对男生和女生的恋爱与性行为不是采取禁止而是指导的办法（虽然他们的父母依然希望自己的孩子在18岁前是禁欲的），因为这样更符合人性，我觉得这是个趋势。

6. 我一遇到考试就紧张，有时竟会手抖得连笔都拿不住，真实成绩完全发挥不出来，郁闷。

李大叔 这种临场的紧张焦虑，多半是由于平时对课程掌握不扎实，对他人对你的看法又过度在意所致。要解决这个问题，首先要从平时做起。这种紧张的原因是你对这场考试太在意，而这种在意又可能是源于父母、老师和同学等周围的压力，你担心在他们面前失败，或者你担心他们对你失望。而你为什么有这样的想法，就是因为你过度在意他们的感受而忽略了你自己的感受。所以，要打破这种循环，就要从“不在意别人怎么看”开始，你可以暗示自己，我的一生我自己做主，考好考不好都要以平常心对待。你还要告诉自己，我要做个勇敢的人，否则，连考试都紧张得吓尿了裤子，那我就算考的再好，将来也可能是个窝囊废，对社会又能有什么用。通过这样的心理暗示告诫自己，把自己培养成一个有独立性格和见解的人，你就不会受外界因素的影响，这样问题就迎刃而解了。

7. 我家里非常贫困，让我在同学面前很自卑，常常有压抑感。

季大叔 这是穷人家孩子的普遍心理反应，需要做出改变。你可以尝试经常给自己心理暗示，告诉自己目前的情况对你而言并非完全是坏事，穷困有时会激发一个人的创造力，使他发奋改变现状，做出一番事业，等等。现在的同学们一般也都不会去笑话一个贫困的同学，甚至很多都愿意给予适当的帮助，这都是你应该感到欣慰的地方。所以，你要和所有的同学一样学习、玩耍，这样就能很好地融入同学中间。相反，你越自卑，把同学搞得也很被动：和你说点啥吧，怕你多心；和你开玩笑吧，怕你承受不住；想帮助你吧，怕你想歪了，等等。结果也只能和你小心翼翼地交往，你看这累不累！所以，你要勇敢起来，不要压抑，大大方方地生活，给人一个阳光的形象，对人饱含真诚和善良，将来一样大展宏图，正所谓“智者不惑，仁者不忧，勇者不惧”。贫困算什么，将来我去改变它就是了，谁都不能阻止我过好充实快乐的今天。

8. 长得丑，或者说颜值不高，这让我很自卑怎么办?

季大叔 帅哥和美女本来就是这个社会的稀缺资源，长相平平的人才是这个社会的多数，丑的人自然也是不少。按说丑不是你的错，自卑就是你的不对了。美国人有句谚语：“你战胜不了他就加入他”，就是说，当一个事实你无法改变时，你就认可它，随着它好了。生活中你会发现我们身边的人，很漂亮的，接触一段时间也就不怎么觉得漂亮了；很丑的人，接触一段时间也不觉得丑了。而此人的人品和性格却决定了我们对他的看法和是否愿意和他交往。此外，你要找到一些弥补长相不足的办法。比如，更善良一些，更幽默一些，更礼貌一些，等等。我再额外告诉你一个秘密，我听说上帝在造就丑人时，都额外带给了他们一份礼物，有的是幽默感，有的是智慧，有的是某项天赋，等等。所以你要从自己身上仔细找找这些东西（注意看看是不是掉到床底下了），总之要把自己大脑的配置弄高点。

9. 我知道自己确实不是学习的料，但成绩不如人又让我很自卑，整天不愿意面对老师和父母，感觉要崩溃了。

李大叔 大叔无法知道你是怎样确认自己不是读书的料的，但完全不善于读书和不喜欢上学读书的人的确大有人在。遇到这种情况也很痛苦，一般都难免要和家人、老师做一番长期“斗争”，才能被他们承认“你确实不是读书的料”。而只有得到他们承认以后，你才能认真思考你未来的出路。老话说，上帝给你关上一扇门，必然又给你打开一扇窗。这时候你可以想想，你到底喜欢做什么，未来靠什么立足于社会，你有没有经商的天赋，你还有什么特长，等等。当你思考得胸有成竹以后，你就可以认真地去做家人的工作，把你今后的人生规划讲给他们听，不愁得不到他们的理解。这样你初中毕业，或者高中毕业后，就可以立即着手你的事业了。土耳其谚语说得好，“上帝总会给笨鸟留下矮树枝”。相信我的话，活人不会被尿憋死。

10. 父亲违法进了监狱，让我在同学面前感觉很自卑。

李大叔 在我们的一生中，几乎都会有遭遇不幸和挫折的时候，完全一帆风顺的人也许有，但是我没见过。至于你的父亲进了监狱，我看这是你的不幸却又根本不是你的错，相信老师和同学们也不会拿这件事说你什么，家里其他亲人照样爱你。可见你这种自卑心理完全是你自己臆造出来的东西，没有人强加给你。就等于是你自己没事捡了一个包袱背着，现在你把它扔掉就是了。你完全可以尽情享受阳光和空气，和同学们大大方方、欢声笑语地玩在一起，干吗要自己和自己过不去呢？本来同学们没有歧视你的意思，但你这样的情绪，倒让同学们无法拿捏和你相处的尺度，反而显得有点不自然了。人这一生，有时懂得放下什么比得到什么还重要，没用的程序就要早早卸载，免得影响你前进的速度。

11. 身体有残疾让我很自卑。

季大叔 我最近看了一段视频，是讲山东的一个妇女，天生没有双手，却用脚什么都能干，农活、家务样样不差，尤其是她的心态非常好，她根本不觉得自己和其他人有什么区别，自卑当然无从谈起。我说过，有些事无法改变，那剩下的就是接受。注意，这个接受，绝对不是不情愿地接受，而是在心理上愉快地接受。你自卑，证明你还想和事实对抗，不想愉快地接受，这能得到什么结果呢？这个自卑不是外界强加给你的，而是你强加给外界的，因为你的自卑是在和外界的其他人对比后自己产生的结果，而事实上这个结果只有你一个人在认可，别人并没有让你去自卑，请不要和自己过不去。

12. 我经常容易忧虑，忧虑学业、忧虑家人、忧虑将来，忧虑得难以自拔，不知道该怎么办。

季大叔 从心理学的角度看，这一般是因为幼年的时候没有得到父母足够的关爱和鼓励，缺乏安全感所致，也就是我前面所说的恐惧心理在作怪。大叔小时候也犯过这个毛病（我的母亲经常会威胁或者责骂我），为一点小事就经常偷偷忧虑（不想别人看出来）。比如为不会写的作业，为不敢去河沟里游泳（其他同学敢），为班主任说过的一句话，等等。长大后，想想这些忧虑都觉得十分可笑，如果当时我的父母或我的兄长能理解我的忧虑，鼓励我勇敢地去面对和解决这些忧虑，那我就完全可以成为一个“无忧无虑”的少年而不会是一个“心事重重”的少年了。那么怎样去消除你的这些忧虑呢？我的经验是：（1）归纳出你所有忧虑的事情，把它们仔细地排好，然后逐个分析解决办法。（2）找到一个你最信任的成年人，如你的父母、叔叔、舅舅，信赖的老师、邻居，认真说出你的忧虑，看他们能帮你解决几个。（3）如果是那些还很遥远的忧虑，就自己去消除它，消除的办法可以阅读卡耐基的《人性的弱点》等励志书；也可以加强体育锻炼，特别是和成年人一起参加一些稍有些冒险性质的野营活动，增强自己的胆识，这应该是最有效的；还可以去看看大海，大声与大海对话；等等。所有这些办法，都是要向别人勇敢说出你的忧虑，只要说出来你就一定能找到战胜忧虑的办法。

13. 我是女生，在各方面我并不差，但我还是常常嫉妒别人，感觉自己的嫉妒心超强，完全控制不了这种情绪。

季大叔 嫉妒是娘胎里带来的，人人都会有，只是强度不同而已。应该说，嫉妒是深层次自卑的体现，而文明进步，就是人类战胜这些人性中负面的东西后取得的成果。为什么你的嫉妒心强，看看是不是有以下几种原因：（1）从小得到父母的溺爱，一切优先，全家人唯你马首是瞻；（2）出身优越，身怀小聪明，有极强的优越感；（3）出身卑微，面子心极重，从小争强好胜。以上三种情况，最容易产生嫉妒心超强的人，男生里有，女生更严重。大叔要郑重地告诉你，超强的嫉妒心，很容易毁灭你的一切，轻者身边无朋友，生活不幸福；重者甚至引来牢狱之灾和杀身之祸。这绝不是危言耸听，想找这方面的例子一抓一大把。那么我们应该如何抑制和克服自己的嫉妒心呢？第一，我们要克服井底之蛙的心理，要承认，别人在某件事上比自己强这完全是一件非常正常的事情。第二，要明白每个人都是别人的一面镜子的道理，我们对别人给予爱，给予祝福，收获的就一定是爱和祝福；反之，我们给予别人嫉妒和恨，我们收获的往往也是嫉妒和恨。第三，制订出自己的人生大目标，执着地走下去，不受别人的成功或失败干扰。第四，要从内心里明白这样一个道理，那就是你应该希望你身边的人都是有成就的人，都是比你强的人，这样才对你有利。这就像下棋，老和高手下，难免输棋，但进步也大；老和“低手”下，老是赢棋，但越下水平越烂。

14. 大叔，我是女生，各方面还算优秀，就是总被其他同学嫉妒，怎么办？

季大叔 俗话说，不受天磨非好汉，不遭人妒是庸才。可见被嫉妒是只有优秀人物才配拥有的待遇，而老是心怀嫉妒者几乎永远是成事不足败事有余的人。按说获得一些无害的嫉妒也算正常，只可惜在嫉妒的成分里健康的的确不多。既然嫉妒是人性的弱点，我们做人做事当然也要考虑到人的这个特性，这倒不是让我们去向嫉妒妥协投降，而是要尽量避免遭受不必要的嫉妒。比如，我们不能因为怕嫉妒就不敢考出好成绩，因为我们在这些公认的正确的东西上取得成绩，往往也会使嫉妒者适当收敛。但如果我们常常炫耀我们的成绩，并且不打算与全体同学分享自己的成绩和进步，那么遭到嫉妒的可能性就会高出许多，而且恶意的成分也会增大。而当你在许多事情上都表现得高高在上，炫耀家庭优越，在集体活动中抢出风头，事事都表现得无所不能，本事大得铁都能炼成矿石，那么遭到嫉妒就几乎是必然了。一个成熟的人并不担心他在一些事情上暴露他的缺陷和愚蠢，因为他不想表现得事事都比别人强，这样他就能很好地融入他的群体当中。有时你也可以真诚地告诉你身边的伙伴你所面临的烦恼，以便让他们感受到你真诚和普通人的一面，这样几乎就可以渐渐平息他们的嫉妒之火了。有时候我们接纳或者喜欢一个人，可能不是因为他的优点，而恰恰是因为他的缺点。

15. 别人都说我很爱出风头，可我做人做事的确天生就是这样一种高调张扬的性格，那该怎么办？

李大叔 俗话说，高调做事低调做人，但爱出风头和高调做事似乎又有很大区别。我理解的高调做事是在学习和工作中勇于担当责任，争当上游，能大胆尝试新观念，使用新办法等，目的是提高学习和工作成绩，让各方面的发展都得到提高。而爱出风头往往是在各种事情上，包括很多学习和工作以外的事情上不顾一切地抢出风头，目的是满足自己的虚荣心。由此可见，爱出风头的出发点是一种极端自私的行为，而且不顾别人的感受，因此遭到激烈的抵制和抗拒是必然的。其实，以大叔的经验，爱出风头的人在学校还好，但走上社会遭到的反感和打击往往更强烈，这种人在一个新单位里很快就会树敌一片，事不关己、有人挂你，最后结局往往都很狼狈。归根结底，爱出风头是一个个人修养问题，而不是什么“个性突出”问题。人在群体里要懂得通过关心别人来获得群体的认可而不是通过压过别人来获得群体的认可。偶然看过李嘉诚办公桌上的一句话，也许对你有益：“求百事之荣，不如免一事之辱；邀千人之欢，不如释一人之怨。”

16. 对曾经无端欺负过我，严重冒犯过我的同学，我应该记仇吗？

李大叔 大叔在这里要说一下我小时候的性格，如果有欺负我的人，我一定不会放过他，因为我那时确实没有那个修养去忍耐，这要实话实说。但过了一段时间以后，时过境迁，我还是主张不要记仇而选择忘记更好。因为心怀仇恨的人永远不可能有真正的快乐，而为一个这样的人不快乐怎么看都是一件不划算的事。另外，人在未成年时期，谁没有做过一些蠢事呢？过后都会很后悔，这的确是一件没有办法的事情，如果都去记仇，这世界就变成仇恨满天飞的世界了，想想就让人毛骨悚然。所以，我现在和我年轻时的想法确实发生了变化，那么难道我是在越变越蠢吗？不会，对每个人来说，对真理的认识能力往往是姗姗来迟的，但我想我应该及时告诉你们。

17. 我做事往往瞻前顾后，患得患失，很胆小怎么办？

季大叔 这种性格一般是由于童年时父母的严厉和家教的苛刻所致，也是恐惧心理在作怪。但也可以说，这是因为你有着一颗很善良的心，你做什么都会考虑到各方面的感受，懂得敬畏，所以说这并不完全是坏事。俗话说，小心驶得万年船，而英雄气短。胆小的人虽然似乎难成大事，但往往是过日子的好手，也不会使生活如过山车般大起大落。老百姓嘛，就求个平安本来也是没错。但是，这种性格有时很耽误事，往往会错过一些很好的机会，特别是遇事胆小懦弱，期盼息事宁人，丧失原则，让和你合作的人替你着急上火的情况也是时常发生。我这里要提醒你的是，如果要改善自己的性格，可以多去参加一些户外活动，甚至将来可以参加一些探险活动。另外也可以结交一些很干脆的，有大丈夫性格的男人做朋友，吸取人家身上的优点，学习人家的思维方式和行事风格，于潜移默化中使自己的性格得到完善。

18. 大叔，我家在一个偏僻小镇，那里常常闹鬼。我想认真问你，你说这世上到底有鬼吗？我确实很怕鬼。

季大叔 好吧，我来认真回答你，这世界上确实没有鬼。你这种情况，是恐惧症的表现，应该克服。如果说有鬼，那这个鬼一般也只是寄生在人们的心里。至于世界上有许多奇异的所谓灵异事件让人无法解释，其实往往也只是人们制造的噱头而已。人类有几千年的历史，再加上无数的人走过地球，有些巧合的事情和解释不了的事情是完全正常的，但急急忙忙把它往鬼身上推就是对科学的信心不足了。我可不是说说而已，如果你说哪个房间或者坟墓闹鬼，大叔完全可以去那里住一夜。

19.　大叔，你相信善有善报，恶有恶报吗？

季大叔 大叔宁愿相信。这句话本是佛教教义，但确实对人类的行为有极大的指导意义。我一般是这样理解这句话的：我相信善有善报，但我做善事完全不会去指望回报，而如果我做了善事却还是倒了大霉，也不会使我做善事的信心遭受重挫。但我确实相信，生活中我们以善心去对待每个人，我们绝对能得到善意的回应，这在我自己身上就有很多例子举给大家。恶有恶报的道理应该比善有善报来的更准确、更因果一些。因为你行大恶，法律自然会制裁你；行小恶，生活会惩罚你。所以说，这句话所阐释的道理应该是科学的。

20.　大叔，我平日里非常懒惰，有时甚至连牙都懒得去刷，父母也老是骂我，我也知道我懒，可就是改不了。

季大叔 尼采说过一句名言：每一个不曾起舞的日子，都是对生命的辜负。性情懒惰的孩子，十有八九是父母娇惯的结果，这样的孩子往往有着勤奋而无原则的父母。人性本不懒，从原始社会开始，成年人就应该自然地将生活、打猎、种庄稼的技巧一代一代传承下去，下一代人跟着照做就是了，不存在懒惰问题，否则活着都成问题了。而你的父母在该传承的时候不去传承，到了你初步自理的年龄，被子不让你叠、饭不让你端、地不让你擦，这样别说劳动，你连自理的习惯都难以养成，这样就把人越呆越懒、越吃越馋的惰性激发了出来，于是你就变成今天这个样子了。要改变这种坏习气，我建议你先从一件小事做起，那就是早起叠被子，把床搞得整整齐齐，一次都不马虎。而当你拿起书包上学时，我劝你回头看一下你的床铺，一种成就感就会油然而生。这时，你再尝试增加一个项目，比如自己去端饭，并顺便把其他人的饭也端来，看看父母是如何反应的，你肯定又会获得一个赞扬（至少不会挨他们骂了）。所以，每做一件事都把它看成是一个成绩，你的懒惰就会逐步扭转了。大叔每天早起刷牙、刮胡子、洗脸、梳头，每次做完这些以后，我都看看镜子，为自己感到由衷的骄傲。因为想想刚才在床上时蓬头垢面、无精打采的自己，现在一下子变得精神抖擞了，我怎能不产生一种极大的成就感呢？

21. 我对别人往往疑心很重，老喜欢怀疑别人的动机，这样好吗？

季大叔 这种情况往往源于你父母的教育和你自己儿时的体验。假设你父母在这一生中曾信任别人却被背叛和出卖，那就很难抑制他们不把这类经验教训传授给他们的后代；另一种情况可能是你自己在童年时经常被交往的小朋友伤害和占便宜。我小的时候就曾发现，邻居里那些是地主、富农成分的家庭，由于过往受到过歧视和迫害，他们的子女在和我们交往时疑心很重，谁都很难同他们交朋友。你有必要仔细分析一下你这种心理的确切来源，然后再分析一下自己如果一直这样下去是否会得不偿失？是否应该适当改变？因为这样会让我们无法交到真正的朋友，收获不到友情与帮助，那你的一生可能会注定是暗淡无光的，一般人都无法和一个不能相互信任的人相处。在我的一生里，也由于信任别人而多次吃亏上当，但我觉得这错不在我，总结教训就是。我赞赏胡适的一句话："做学问要在不疑处有疑，做人要在有疑处不疑。"望你斟酌。

22. 我非常迷恋电脑游戏，也经常去网吧。被父母打骂过，也被老师教育过，但好像都没用。

季大叔 2014年5月12日，我国首份《智能化网游调研报告》发布，报告数据显示，我国（各年龄段）"脑残玩家"人数超过1亿人。目前国内外的教育工作者越来越倾向于把青少年电脑游戏成瘾看作是落后的教育体制所导致的，在这个体制内，未成年的学生面临着前所未有的压力，大大小小的考试让他们的情绪面临崩溃，有时在孩子们眼里，考试考砸，真的和世界末日差不多，而电脑游戏是他们逃避这一切的最好办法，游戏带给他们的安慰有时会超过他们对学业的渴求。大叔基本赞成这个结论，但教育体制却是一座大山，至少目前还没有人可以撼动。我知道，把你的心和你的人从电脑游戏旁引开都是一件难事，但我还是要实实在在地告诉你，你如果这样下去，你的一生基本就废了，可以说，前途一片黑暗，学业更是别提了。我有两个朋友的孩子，今年都30岁左右，他们都是从小到大一直沉迷于电脑游戏，至今一事无成不说，简直连接触社会的胆量都已完全丧失，而且没有一技之长，找老婆更是天方夜谭，鬼都不希望把女儿嫁给这样的男人。最近我又见到了其中一个，30多岁了还啥也不是，根本找不到女人。我和他分享了一句话：出来混早晚要还的。他很认同。

23. 我已经够努力了，但还是成绩平平，老是怀疑自己不够聪明，很郁闷。

季大叔 还怀疑什么，直接说，就是不够聪明嘛，这是事实嘛。问题是，这没什么大不了的啊！每个人的智商不同，这是天生的；每个人的爱好不同，这也是天生的。但这些统统不重要，重要的是你走上社会以后的能力怎样。在中学时代，只要我确实努力了，方法也没错，即使成绩还是没上去，我依然会很坦然。等走上社会，这才是人生的终极战场，而这里使用的武器往往是情商，那时候是骡子是马都出来遛遛，谁笑到最后可是说不定的事了。所以，你的郁闷为时尚早。

24. 我为什么对穿奇装异服那么感兴趣啊？很多人骂我变态。

季大叔 少年喜欢怪异的装束这是因为你们希望引起重视，追求社会存在感。因为这是个由成年人统治的世界，少年人的想法和心事常常被忽略，但你们想发声、想得到关爱，在还没有更大的本事和成年人对决时，奇装异服就成了你们的首选武器。我一贯对每个人服饰的选择持非常开放的态度，而且历史上所谓的奇装异服往往引领着时代的潮流，也冲击着人们固有的、保守的思想，所以也有着极大的进步作用。我没有看出奇装异服对社会有什么危害，我也希望这个社会是多元的和宽容的，尤其是对少年。

25. 我的高中同学里很多人在偷偷吸烟，感觉社会上的人都会吸烟，我不吸怕被孤立，我可以尝试一下吗?

季大叔 你说的情况是在小县城等落后的地方，在北上广等大城市，吸烟是不受欢迎的行为。青少年尝试吸烟，其实就是急着想证明自己的成熟，却选择了一个再糟糕不过的方式。你如果尝试一下，噩梦就从此开始了。大叔是在24岁左右开始吸烟的，期间断断续续也戒过几次，但都失败了。47岁那一年，我走在街上突发心绞痛，差点丧了命，后来安装了一个血管支架。当时医生明确告诉我，引起血管这样硬化的原因有几种，但吸烟是主要原因，如果我再吸烟就只有死路一条。从那天起，我终于和吸烟说了拜拜。后来看了很多相关资料，得知一个人在年轻时就开始了血管动脉堵塞的过程，等到哪天彻底栓塞的时候，要么是心肌梗死，一命呜呼；要么就是脑梗死，半身瘫痪。除此之外，吸烟还有众多社会危害：有的人知道放屁时还回头看看有没有人，吸烟时就做不到，遭人讨厌；还有口臭，让女人闻了就躲……怎么样，我说的够多了吗?

26. 大叔，我是单亲家庭，前段时间落下了很多课，感觉跟不上了，现在是父亲骂、老师批，度日如年，有时候会逃学，我整天盼着快点成年吧，工作了就摆脱了。

季大叔 我们要承认，单亲家庭的确不利于孩子的成长，如果再碰上个不那么善于体贴的单亲父母，孩子有苦都无处诉说。因落下功课而自暴自弃，主要是你还不够执着，遇到挫折很快就败下阵来，加上缺少鼓励，你追赶课程的信心瞬间就丧失殆尽了。一个人的意志品质怎样，这时候就看得一目了然了。其次，你败下阵来以后，逃课就成了顺理成章的事情了。现在看来你是把摆脱这一切的希望寄托于你成年以后，这说明你对中学时代的信心已经彻底崩溃，想挽回你的想法估计也是不大可能了。大叔这里有个建议供你参考，既然你想到工作，我建议你可以考虑到职业中学学一门手艺，以便将来有个谋生的技能。但更重要的还不是这些，最让我担心的是你这段时间里不要和社会上的混混走得太近，以免染上不良习气，这比什么都重要。我希望你这期间多读些书籍，充实自己的思想，为将来走向社会，同那些大学毕业的同龄人展开竞争做好准备。更重要的是，你爸爸会同意吗?要想走向新生活，就从说服你爸爸开始吧。

27. 意外落榜而没有考进向往已久的高中，这使我产生了强烈的挫败感，心境无法平静，感觉老天实在是和我过不去，我该怎么办呢？

季大叔 我在这里再强调一次，对已经无法挽回的事情，耿耿于怀是最于事无补的行为，应该立即忘记过去的一切，毫不犹豫地向前看，把损失减到最小才是正道，不要老搞什么“哭晕在厕所”那套把戏。如果你把自己沉浸在挫败感的情绪当中不能自拔，这真是再愚蠢不过的事情了。这点挫折，不过是“晚娘的拳头，云中的日头”，力道不值一提。你仔细想想，难道在其他中学就读就不能考上大学吗？说不定你在其他中学还会有更好的收获，难道所有人都要在一棵树上吊死吗？你这样遇事放不开的心胸实在让我怀疑你将来应付社会的能力，到时你就是考上了清华北大又有什么用呢？当务之急是你应该迅速调整心态，笑对挫折，开朗乐观地面对新学校、新老师和新同学。我告诉你，上天把你带到这所学校，就一定有他的想法，说明你要和这所学校有一段情缘、有一段故事，你怎能闷闷不乐、愁眉苦脸以对呢？相信我的话，放宽心，你在这所学校里会学到东西的。开朗的人不小心掉到水塘里，爬上来口袋都会带条鱼。

28. 大叔，我本来唱歌很好，就因为怕失败，每次学校有演出的机会都不敢报名，之后又心有不甘，为什么我有很多事情都没胆量去尝试呢？

季大叔 概因儿时缺乏鼓励和肯定，导致你怕失败，这种对失败的恐惧不知道毁掉了多少人的好梦，而很多才艺不如我们的人却因为胆大而频频获得掌声和奖励，这是为什么呢？因为面子，怕失败了丢面子。面子问题实在是害惨了太多的中国人，我们今天是时候去突破自己了，你可以到网上看看，很多人挖空心思在表现自己，可你还有心思在那里纠结呢，可见你是够落伍的了。以后有这样的机会你应该毫不犹豫地报名，然后在台下做一次精心的准备，你一定能一鸣惊人。看起来这是一个小小的突破，但对你终生都会影响巨大，你会因此明白一个道理，敢于尝试本身就是一种成功，而同时也可以给失败一次准备机会，我们为什么不能品尝一下失败的滋味呢？我们这么小的孩子，哪里来的面子呢？而一场业余演出又能失败到哪里去呢？连这样的失败都怕，那你一辈子还能做什么呢？来吧，鼓起勇气，你完全可以大胆地和失败说："失败先生，我可一定要报名演出了，来不来你看着办吧！"

29. 我都快上高中了，可还是太贪玩，这是什么心理？

李大叔 动物心理呗，你没见小狮子吃饱后就是不停地玩耍？应该说你玩心大也与你父母的管教宽松有关。我要和你说的是，喜欢玩也不是坏事，这样的人往往心态良好，生活有品味，但问题是现在你应该先把学业给完成啊！这样你才可以到了成年以后更好地玩，玩得更上档次一点。另外我建议你不要瞎玩，要玩得有目标，要玩到最好，将来靠这个玩能给你带来成就，这才是玩的最高境界。所以，记住两条：把学习完成好；有目的地玩。

30. 很多同学说我说话很乏味，缺乏幽默感，我该怎样练练幽默感呢？

李大叔 我的经验是，幽默感属于创新，因为如果不新，人家怎么会乐呢？那么这种创新的动力又来自于哪里呢？就是来自于你强烈的表现欲，希望引起别人的注意和你想把别人逗乐。你有了这个强烈的愿望，你就有可能做到"语不惊人死不休"，你就会对听到的笑话加以留意，并且把它加工改造、掺入现实生活的元素，再从你嘴里说出来。还有就是，幽默感也来自于你对生活和他人的细微观察，找出其中的乐点并同其他事物巧妙地加以联想。再有就是要懂得自嘲，幽默感也需要脑筋灵活、表情生动，等等。而上档次的幽默往往又来源于丰富的知识积累和生活阅历，这对你来说就是以后的事了。大叔是东北人，过去我们那里在寒冷的冬天都躲在家里无所事事，就互相串门唠嗑，大家坐在热炕上胡吹乱侃，当然那个最幽默、最会搞笑的人最受欢迎。于是，东北人就遗传下来了幽默感。而南方天气温暖，一年四季都可以去工作，没时间去练嘴皮子。所以，南方人幽默感的传承就少了点。

31. 我是个超级军迷，过于迷恋军事器械，家里的"武器"都可以装备一个连了，家人有些讨厌我这个爱好。

李大叔 我没有看出来这有什么不好，我也相信你并不会因为有这个爱好而耽误学业。我希望我们每个人最好都有点爱好，这样活的也有点寄托和乐趣。军迷应该是一个很大的群体，你将来也完全可以考虑去当兵，甚至尝试武器研制和设计、撰写军事评论和相关文章等。当年AK-47步枪之父卡拉什尼科夫就是个军迷。但你也应该知道，要想将来在军事思想和武器革新上有所作为，那还需要你现在把你的中学课程学扎实一些。

32. 我是女生，非常迷恋言情小说，大叔怎么看待这个问题？

季大叔 我知道，这是成长中可能需要经历的一个阶段，但我郑重建议你立即跨过这个阶段，越快越好。因为这些书摊上的青少年言情小说从文学角度看毫无艺术成分，而一旦你迷恋上就可能消耗大量的时间和精力。如果你再跟着里面的人物悲喜交加地投入情感，就显得十分滑稽可笑了。少男少女情窦初开，想急于解开情感的秘密，这应该是你们喜欢言情小说的原因，但遗憾的是那些小说大部分是在瞎扯。这里我希望你们适当转向现实主义作品，如尝试阅读中国的优秀文学作品，高中以后尝试阅读欧美文学作品、名人传记等。

33. 我每天要洗几十次手，有洁癖，老是担心手脏，但我觉得我其他方面都正常，我这样算是强迫症吗？

季大叔 据我所知，你这已经是强迫症了。泛泛来看你只是多洗了几十次手而已，但事实上支配你这种想法的东西还是出于你大脑的认知。洁癖有些来自家庭的影响，有些来自恐惧或者罪恶感。有的心理学家也认为这是一种担心可能发生的事件的心理预防，借助这样的方法去避免所担心的事情发生，使这样重复性的动作带有一种“仪式感”。你有必要立即去看精神科门诊，早些解决这个问题。洁癖症状经过治疗可以减轻许多，所以你应该去治，否则你以后在社会上会遇到一些麻烦。据我所知，很多人对有严重洁癖的人非常厌恶，会拒绝与之交往。而有洁癖的人本身也很难相处，经常无意间冒犯别人（我早年间有个同事，听去过他家的人说，客人坐过的地方，客人起身一次他就要打扫一次），所以要重视这个问题，不过很多患者随着年龄的增长症状就会消失。

34. 我的脾气很坏、很急躁，也常常在学校和人动手打架，但之后也后悔，老是控制不住情绪，大叔认为这是怎么回事?

季大叔 父母脾气很差，甚至迷信暴力，经常打骂孩子，孩子难免就会向外转移暴力。还有的父母对孩子过度放任，不讲规矩，也会促成孩子的暴力倾向。假设你父母是一对温文尔雅的书生，你绝不可能变成这样。之所以跟你这样揭示你性格的来源，是要告诉你，有时我们从父母那里继承的东西并不总是正确的，糟粕也不少。据我所知，父母双方都急躁，可能会遗传给下一代。但我不认为这属于生理遗传，而更像是后天行为的感染。你知道这一点以后，有利于你以后观察父母的行为，更好地从旁观者的角度体会脾气急躁者对别人的伤害，以便你更好地引以为鉴。脾气坏的人都不懂得小不忍则乱大谋，所以往往难成大事；即便成事，也难以逃脱被敌视挨整的命运。所以说，把脾气发出来是本能，把脾气压下去是本事，谨记“一失足成千古恨，再回头已百年身”。所以，要知道收敛，提高修养。

35. 我是女生，我特别爱哭，眼泪很浅，也恨自己这么没出息，但依然控制不住自己。

季大叔 有些父母性格强势，甚至带有阴郁气质，使得家庭气氛很压抑，孩子并不存在可以肆意宣泄情绪的可能，导致孩子遇事只知流泪。当然，这也并非是唯一原因，有些家庭境况好的，由于修养很好，孩子同样不会肆意宣泄情绪，也导致容易流泪。不过这也不是什么坏毛病，说明你很仁慈、很女人，有时我觉得爱哭也有很多好处。比如，能很快释放心中的郁闷和不快；发生冲突时能让对手产生怜悯之心而平息怒火；让男人产生一种保护你的欲望等，因为男人对女人的态度总是“弱则怜之，强则厌之”。但这里我要提醒你的是，在这个竞争激烈的社会里，女人应该外表柔弱，但内心强大，因为我们很多时候无法掌控我们的命运，当一座山压来的时候，我们还是不要那么快地垮掉，有时生活需要我们撑起一片天。

36. 我是女生，一和陌生人说话就非常紧张、害羞，好像我小时候并不这样啊！

季大叔 有些家庭对孩子存在过度的保护，特别是对女孩子，保护得近乎封闭，使其少有机会接触外界，容易形成此种症状。有心理学家说这是青春期社交恐惧症，人到了青春期，性意识开始活跃，性别概念也开始左右和影响我们的思维了，面子、害羞之类的概念也开始在你心中萌动了。你小时候不懂这些，当然不会这样。这应该不是什么大事，就是个人的自信还没有建立起来。所以你要从内心告诉自己，我在各方面并不差，天生我材必有用，我没什么好担心的。更不要对自己有苛求，想想自己还是个孩子而已，有些事尽力做就行了，做不到也没有什么关系，有机会多接触一些人就好了。比如，可以和父母一同参加一些多个家庭的家庭聚会，在学校报一些兴趣班等，这样很快就好了。

37. 别人都说我的性格老是慢吞吞的，怎么办?

季大叔 慢吞吞的性格并不可怕，只要这种慢性格不是由于心理压力造成的就可以了。换句话说，我虽然性格慢，但我心里坦然，这就没问题。俗话说，慢工出巧匠。很多艺术性很强的工作，急脾气是做不来的。人们喜欢说你慢吞吞，往往就是在一件临时的事物上你手脚慢点而已，但你回头想想，你并不会因为慢吞吞而耽误了什么大事。如果你去过意大利，你就知道，这个国家什么都是突出一个字：慢。所以你看看，世界最美的艺术在这里，世界顶级的奢侈品品牌在这里，几百年的房子还依然坚固，并且住着几代人。有福气的女人就是要嫁给一个健康的慢性格男人，这类的男人往往脾气好、修养好、长寿。

38. 为什么我做事喜欢犹犹豫豫、优柔寡断，老是拿不定主意啊?

季大叔 父母强势的家庭，你的思考他们都代劳了，什么事他们不和你商量就做决定已经成为了习惯，这自然会导致你需要自己拿主意时会不知所措。从另外的角度看，也可能因为你考虑得很全面，因为你很善良、愿意照顾到各方利益，因为你现有的能力还往往不足让你应对突发事件等。说了这么多原因，我认为核心的因素就是你各方面的能力还不够，历练还不足，等你以后有知识、有经验了，你就不会这样了，但你要努力学习哦！

39. 我的好奇心非常强，事事都想刨根问底，弄个明白，家人很烦我这一点，嫌我多事。

季大叔 我估计家人烦的是你对张家长李家短的八卦新闻刨根问底吧。关于好奇心，有几个名言你看了就知道它的作用了。居里夫人说："好奇心是学者的第一美德。"塞缪尔•约翰逊说："好奇心是智慧富有活力的最持久、最可靠的特征。"哈佛校长陆登庭说："如果没有好奇心和纯粹的求知欲为动力，就不可能产生那些对人类和社会具有巨大价值的发明创造。"可惜，我觉得中国人普遍很缺乏好奇心，很多成年人对未知的事物毫无兴趣，浑浑噩噩，就知道麻将，常让人有"一大波僵尸来袭"的感觉。大叔希望你的好奇心能保持终身。

40. 我虽然是男生，但天生懦弱，经常被人欺负也不敢吭声，朋友鼓励我别怕，但我觉得我就是勇敢不起来。

季大叔 我常常见到温文尔雅的知识家庭出生的孩子，学习很优秀，道德品质也非常好，但在学校里常常受欺负，原因就在于他缺乏勇敢教育。相反，却得到了太多的规矩灌输，甚至是吓唬和威胁，造成孩子有恐惧心理。现在我们意识到，这样的教育是有缺陷的，是有害的。人类社会从来都是竞争激烈的，甚至是残酷的，没有勇敢的意志，就不敢争取自己的权利，就常常会忍气吞声，这将使自己一生陷于被动。我想起经常看的那些法制节目的情节：一个懦弱的人不停地被欺负，能忍受的他都忍受，到了他已经毫无忍受余地的那一天，他就把欺负他的人杀了。那些无端的欺负你，不去抗议，不去制止，想用妥协换来永久的和平我看很难。另外，一个人是否勇敢，和他身材大小没关系，关键在于你是否有一个不屈的灵魂。丘吉尔有句名言我非常赞赏，他说："在人类的各种美德当中，勇敢是最重要的美德。"我们不惹事，但绝不能怕事。建议你多和同学交往，学会与厚道的人交朋友，经常参加体育锻炼，甚至适当参加一点健康的冒险活动，加强自己的人脉，增强自己的胆识。

41. 我感觉不仅是我，班里的同学都特别要面子，常常为一句玩笑话大打出手，为什么我们会觉得面子这么重要啊？

季大叔 家庭环境不够轻松民主、境况偏底层人家的孩子容易死要面子；富裕家庭的孩子也会要面子，但他们更多地把面子体现在虚荣上。这个年龄的人特爱要面子，就是因为能给你们撑面子的事不多，这就应了那句话，物以稀为贵。青春期最大的特点之一就是把面子看成山，一件小事你们都会觉得伤了面子（很多青少年自杀事件就是因为伤了面子）。所谓面子，本来它的学名叫尊严，它的内涵是人与人之间互相尊重。你们这个年龄刚刚有了自尊心的概念，虽然对这个概念还流于模糊，但捍卫起来却不惜血本，这就是因为人的心智的成长过程，是先有自尊心，后有宽广的胸怀。但你们在知识不多、涵养不多、理想不多、能力也不多的情况下，就只能无限放大尊严的价值和范围，特别是如果有异性在场，更敏感于尊严受到挑战，好像不来一场战斗就绝无挽回面子的可能了。其实在你们认为丢了面子以后，还没有发现自己会同时得到宽广的胸怀。于是在你们为面子去进行无谓的战斗时，却丢弃了比面子更重要的东西——豁达的胸怀。到了成年以后你们就会知道，尊严往往产生于自身的强大，一般情况下它无需捍卫。

42. 我有时候无来由地忽然觉得很心烦，情绪很悲观、很失落，这是怎么回事？

李大叔 这与童年时得到家人的爱和鼓励偏少有关，大叔以前也有过这种情况。从客观情况来说，“人无百日好，花无百日红”，所以说是无来由，我看基本还是有来由。有时候前一刻还好好的，忽然听到别人一句话，想起一件什么事，心情一下子大坏。我总结了一下，问题一般都是出在还是有些让我不舒服的事（过去并没有完全解决的），这时忽然被谁无意提起或者自己想起，心情瞬间就被这件事裹挟而去了。可见，要解决这种心境，还是要彻底解决那个被暂时压下的事。我每到这样的时刻，就努力寻找到底是什么事使我心情变坏，找到后我就进行系统分析，能解决马上解决，不能解决看最坏的后果是什么，我能否承受。如果一定要承受，那就安慰自己，我已尽力。不过一般最后都还是“事事难为事事为，关关难过关关过”。另外，忽然烦恼失落的原因也和人的生理、心理周期变化有关，只要你没得抑郁症，都没什么大不了的，该吃吃、该喝喝，破事别往心里搁。不是有那么一句话吗？“活着就要快乐，因为我们会死很久”。

43. 我总是怀疑和担心别人在背后议论我，非常在意别人对我的看法，这是怎么回事？

季大叔 这可能是小时候父母管教严厉、少有鼓励，使你反应敏感，习惯了中规中矩，一旦听到别人对你有不同看法，就难以习惯了，这实际是一种自卑心理。社会不是家庭，当然什么人都有，想法和意见也就是多元的了，为此你应该去适应而非事事敏感应对。君子坦荡荡，小人长戚戚，你没有坦荡的胸怀，当然难以应对时常的戚戚。但坦荡的支撑又往往是自信，想自信就要在内心里形成坚定的信念和执着的理想，使自己不断进步和完善，否则你只能像个紧张的老鼠，对周遭的动静极度敏感，但假如你成为一头雄狮以后，你就对周围的动静毫无兴趣而只管酣睡了。大叔要说的就是一句话，用知识和勇气把自己武装起来，你就是一头雄狮。

44. 我为什么会有赖床的习惯，明明醒了，就是不想起来，做事也喜欢拖拖拉拉的，父亲说我是“拖拉斯基”，但我发现像我这样的“拖派分子”还真不少。

季大叔 曾国藩有句名言：一勤天下无难事。你这样的起床困难户，就是星星点灯也照亮不了你的前程，只能照亮你的被窝。不过这毛病可不是你的专利，这样的熊孩子那可是太多了，大叔小时候也是这副熊样。慵懒也是人的天性，要想克服这个毛病有必要借助外部的力量和使用种种手段。比如，在父母面前许下保证，请他们对你进行监督；买一个大号闹钟，把它放到离床远一点的地方，让它吵个没完，不下床就制止不了它。至于做事拖拖拉拉更是不好的习惯，解决这个问题更要下大功夫。比如，你每天把要做的事情写到便利贴上，把它粘到你的桌子上；给自己制订计划，督促自己按计划完成；等等。但你更要从根本上认识到浪费时间就是浪费生命，是件极不划算的事，每天叫醒你的不应该是闹铃而应该是你的梦想。

45. 为什么我做事老是慌里慌张的，一会儿碰翻了汤碗、一会儿找不到钥匙、一会儿用错了牙刷，毫无条理。

季大叔 因为你整个心都非常浮躁，面对紧张的学习和生活你根本还没有找到最有效的应对方法和策略，还基本处于疲于应付、且战且招架的状态，这说明你有待捋顺的“心事”。庄子有言：“谋无主则困，事无备则废。”你有必要选一个周末，坐下来和你的父母一道分析一下你目前面临的形势，然后制订出一套完整的应对策略。比如，本学期你应该达到一个什么样的学习目标，早上应该几点起床、几点必须出门，每次出门要携带的物品应固定摆放在哪里，回家后应固定完成哪些家务，等等。其次要提高安全意识，对可能打破的物品要安放合理，家庭成员的个人物品要区别摆放，条理清楚。一切都安排得井井有条之后，你就可以按部就班去做事了，心里也会非常淡定，因为你有了明确的目标。这些看似生活小事，却能看出一个人的做事风格，一个人是不是靠谱，从生活细节中也能看出个一二。切记，这些习惯的养成对你将来的工作会有巨大的帮助。

46. 我学习成绩虽然不差，但我不喜欢去上学，老盼望着放假，我知道很多人也是这样想的。

季大叔 这是因为很多时候，学校的生活并没有给你带来足够的快乐，你可能担心跟不上课程进度而不知所措，或者担心做错事而被老师批评，也可能你和同学相处不融洽。大叔小时候多数时间是不喜欢上学的，一方面是因为喜欢玩耍的“小动物”天性；另一方面是因为学校的氛围和教学方式让我厌恶；再有就是不知道学了知识有啥用。连我妈都说我是“老房子着火没法救了”。而现在的学生，每天要接收大量信息，不能稍有松懈，社会、学校、家庭的三方重压让你们个个感觉“压力山大”，也难免经常遭遇挫败，在这种情况下你同样不喜欢上学的心情我也能够理解。但人生注定就是一场修行，你还要在修行中找到乐趣和成就感。有的时候你可以想想，假如你不去上学，你就在家里坐上一年，这样就很好吗？恐怕你会丢掉“三感”，即社会认同感、群体归宿感、角色定位感，这恐怕会使你疯掉。

47. 我特别害怕老师上课提问我。

季大叔 这说明你对课程准备得不充分，没有把握应对，或者还没有适应这种互动式的学习方法。老师上课提问，我觉得是一种福利，得到提问的同学应该对老师格外感恩。首先这是一种督促，让你不敢松懈；其次，被提问过的问题会让你记忆深刻；再次，被提问说明老师还很在意你。你怕被提问说明你对课程没有把握，心理素质也有点欠佳，这些都要去慢慢克服，以跟上老师讲课的节奏。现在很多同学都喜欢大胆地举手向老师提问，你可以仔细观察一下他们的勇气来自哪里，你为什么不行。在欧美国家，有时老师只是指导者，课程的进行都由学生自己主导。

48. 我看到没文化的人也赚了钱，觉得读书的用途也不必太夸大。

李大叔 土豪也是这么想的。不过你只是说对了一面，确实没文化也可以赚到钱，但这也蒙蔽了许多人。目前，就是从全世界的情况来看，没文化的人赚钱日益艰难，他们的整体收入比有文化的人要低得多，在中国也是这个趋势。赚钱只是文化的部分功能，文化更重要的作用还体现在一个人素养的提高、教育后代的优势、跌倒了再爬起来的可能性更大、找工作范围广、好找对象等。另外，你光看见土豪赚钱，却可能没看见他把孩子教育得一塌糊涂，他连个历史题材电视剧都看不懂，他不知道盐是由哪些化学元素构成的，他也欣赏不了音乐会。他的生活品质极低，虽然他很有钱，但钱的作用有时又是那么的小。刚才说的那些问题，钱一个也解决不了，所以你说读书的用途大不大。没错，我是说过，考不上大学也不能完全影响你去赚钱养家，但这是没办法的办法。也应该说，考不上大学，也不影响你去终身学习和提高自己的素质。上大学是四年的事，提高修养是终身的事。可以不上大学，但不能不去提高修养。

49. 我有个同学特别喜欢吹牛，好像不吹牛就不能说话，很让人烦，这是怎么回事？

李大叔 按东北话说，那是有骆驼不吹牛，啥大吹啥。这的确是一种强迫症，很多是童年时对成年人的模仿所致，不吹他浑身难受。人家吹牛是为了推销，或者为了抬高自己，而这种人吹牛几乎都是义务的，整个完全免费，但毕竟是“包子有肉不在褶上，肚里有货不在嘴上”。有一次我问过身边一个这样的人，我说你看，整天瞎吹，让你损失了不少，你有没有分析过这是为什么啊？他和我很无奈地说，他确实控制不了自己，一张口就想吹，倒也没啥恶意。瞧，就是一个病人，拿他没辙。知道的人就别听他的得了，免得把年都过错了。

50. 大叔，为什么有的同学性格很孤僻啊，应该怎样和他们相处呢？

季大叔 孤僻的性格普遍来自于家庭在他小的时候没有给予足够的关爱，以及遭遇贫穷，父母的无知、粗暴的责骂，或者家庭变故、家庭暴力等。我从不愿意把性格说成是先天的东西，后天的环境对个人性格的形成起着重要的作用。这样的人如果走运，他可以碰到一个有民主包容精神的学校和温和善意的同学，他就完全可以轻松地走完他的少年之路，否则他就可能无法完成高中学业或者完成得一塌糊涂。而到了大学也要看这所学校的氛围，当然多数性格孤僻的人实际上是自己蹂躏了自己。当他受到严重的生活刺激和不友好的环境时，他的怒火就会外放，当年的马加爵就是个典型的例子。我们和他们这样的人相处要坚决避免伤及他们的自尊心，尤其不能拿男女恋爱之事刺激他。同这样的人住同一个宿舍时应该格外注意自己的言行。严格地说，他们属于病人，应该得到心理辅导。

51. 我为什么没有阅读的习惯啊？我几乎什么书都不喜欢看。

季大叔 父母没什么文化，家里连一本书都找不到，这是我小时候在同学家经常看到的情景。这样的家庭出来的孩子没有养成阅读的习惯，你当然不会奇怪。我看过一本清朝出版的书，扉页上有句题词让我印象深刻:“好读书即是命好”。以后随着年龄的增长，越觉此话之精妙。注意，将“爱读书的人”看成是好命，而把一种习惯看成是好命的一部分这我还是头一次领教,说明这个属于“天赐幸福”。我有个朋友，80 年代我们曾经坐在同一个办公室，当时我每天都从邮局拿回我订阅的各种杂志和报纸，他却从不来看一眼，抽着烟喊着闲得无聊，但他却喜欢听我给他讲，他听完也会津津乐道地再给别人讲，但自己就是不看。可见他命里没有此福，想想真是很悲哀。为什么悲哀啊，他并不觉得啊？那是当然，他怎么知道我获得知识后所得到的巨大精神满足比吃一桌酒席还香呢！他这样人的生活质量非常低劣，但他却全然不知，因为他完全没有精神享受的概念。可怜吗？我觉得。不读书的人来地球十次都没有爱读书的人来一次更享受，这就是区别。

52. 眼看要高考了，我的心反倒乱了，成绩提不上去，快急死了。

季大叔 你这是被阵前的气氛吓到了，你这样的心理素质，大叔很担心你到进考场的时候会尿裤子。你当前最要紧的是泡一杯好茶，坐下来理理思路，把你需要重点复习的东西按轻重排列一下，写到纸上，然后给它们都安排好复习的时间。第二步，去找老师谈谈，看看从老师的角度看你的问题出在哪里，看他有什么好的建议。第三步很关键，找两个会学习的同学聊聊，听听他们是怎样复习的。另外你自己也要保证每天足够的睡眠，坚定信心，问题应该不大。顺便再和你聊一个关于考试的技巧（就算是技巧吧），我2013年从《参考消息》上看到一篇外国学者的文章，说是你入考场时要带一瓶水，当你心乱的时候喝一口马上就会镇静，也会给你的大脑起到润滑的作用，可以提高成绩10%，给力吧。别客气，这10%的分数就当是我送你的小礼物，考上大学了别忘了请大叔吃饭哈！

53. 我事事都喜欢追求完美，但事情往往又不尽如人意，我这样的性格好吗？

季大叔 我觉得除了艺术上可以追求完美以外，在其他任何事情上去追求完美你都将碰个头破血流，因为你要懂得不完美也是美的道理。心理学家已经有了共识，那就是完美主义是各类心理疾病的出入口，换句话说，完美主义就是精神病的初期。要求一个人完美，那是苛求；要求事物做的完美，那是梦想。我知道，你这样的人往往都很有品位，对自己的形象和言谈举止都要求很高。如此这般，你才对别人有同样的要求，但这行不通，如果你老抱着这种思维你早晚会被气出病来，我看你还是老老实实和我们这些“土鳖”打成一片吧。

54. 我家人老告诉我“害人之心不可有，防人之心不可无”，这句话大叔怎么看？

季大叔 这句话虽然有正确的一面，但负面作用也不小。家人担心你吃亏，会把他们的经验传授给你，但往往不免片面。我们想象一下，别人的家长也这样告诉他的孩子，于是这些孩子们开始互相提防，看谁都像盗贼，个个把心都提到嗓子眼儿，一有风吹草动就如临大敌。接下来全国人都成了被迫害狂，天一黑就家家关门闭户，邻里鸡犬相闻却老死不相往来。可别怪大叔调侃夸张，人与人正常交往就得了，又不是打麻将，整天防什么防，谁没事干就想着去迫害你，老拿自己当根葱似的也没什么意思。老百姓的日子就是平凡地过，和善待人，谨慎行事，遇事兵来将挡水来土掩就得了，整天提防这个、提防那个就活得太累了，而且可能把朋友都吓跑了。

55. 我是女生，为什么我越是喜欢的帅男生，我就越躲着他啊？

李大叔 这个不算什么疑难杂症，总体来说还是青春期症状，荷尔蒙刚刚在你身体里驻扎引起的。再具体来说，第一，因为你心虚，怕见了他掩饰不住你的想法。第二，你害羞，见了他不知如何是好。第三，你很要面子，觉得既然你帅，那么多人喜欢你，我偏不和她们一样，以此显得与众不同。这就是女生的“反向心理”，男孩子们最好也来学学，了解一下女生。

56. 我想知道，女人都喜欢说男人很色，难道女人真的就不色吗？

李大叔 以后你有机会也去问问女人这个问题，反正我是问过了，现在我把她们的回答转述给你。她们说，我们女人完全和男人一样色，也喜欢帅男人，特别喜欢有气质的男人，只是我们会比男人更多地重视点相貌以外的东西而已，表达也更含蓄了点而已。这是她们的原话，我基本没怎么加工。另外我还找了点资料来论证这个问题，那就是男人看到自己喜欢的女人表现更积极（就是更色眯眯），这是因为男性荷尔蒙是女人的很多倍，所以更容易冲动，也更容易从性满足的角度去找女人。总之，这个世界的很多事都与人体内的荷尔蒙有关，以后你可以去研究一下。

57. 为什么我听到别人倒霉，有时候会很同情，可有时候却很安慰和舒服啊，我很坏吗？

李大叔 应该承认，这样龌龊的思想也是人性的一部分。我们知道，达尔文的进化论揭示了“物竞天择”的道理，说明人与人之间永远是存在竞争的，人人都希望强过对手。但追求平等又始终是人类的目标，特别是我们目光所及的身边人和我们基本平等，才会使我们心理平衡。不过很奇怪，有的人偏偏命好，事事顺利；有的人运好，升官发财，这就会引起周围人的不舒服。我们想去责怪上帝吧，上帝又住那么远，根本逮不到他，而我们的嫉妒之火又很难平息，那怎么办呢？只好等到他们倒霉了。但我们除了会嫉妒强者，我们又会同情弱者，一旦这个强者倒霉到比我们还差的时候，我们就又会启动同情之心了，这就是人性。这样的人无法说他好或者坏，因为他的嫉妒之心往往并没有付诸行动，仅仅停留在思想阶段，而思想是不犯罪的。

58. 学校里有的老师和同学虽然没有招惹我，但我还是很看不惯，会不喜欢，这就是偏见吗？

李大叔 基本属于偏见，除非你曾经听到过他们有什么恶劣的行径。偏见是一种很坏的心理思维，它能把我们引向与人相处的误区而不需要什么理由。偏见也是一种非常狭隘的思维，它严重影响着一个群体的和谐，破坏群体气氛，制造对立。记得小时候我们会对某个新来的同学、老师怀有偏见，进而产生敌意，有时矛盾还会激化。但经过某件事情后，大家了解了他的为人很好，偏见就骤然消失了。可见，有些偏见是产生于不了解和缺少沟通。但有些人就是顽固坚持偏见，就如爱因斯坦说过，“掰开人身上的偏见比掰开一个原子难得多”，这在我看来，就是无知而已。我听到过另一句格言说的很好，这里也分享给大家：“看不惯别人是自己的修养不够。”

59. 我对班里的某位异性同学太在意了，他的一个细微的活动我都会注意观察，这是为什么呢？

李大叔 那可能是你喜欢他了，或者对他的某些方面产生了好奇，也许爱还谈不上。另外就是你还不了解他，感觉他很神秘，所以观察仔细。不过你要留意“螳螂捕蝉，黄雀在后”，看看你观察人家的时候是不是正有人在观察你。

60. 我总是怀疑自己发育不良，担心跟别人不一样。

季大叔 这很多余，你知道青春期是人体的一个重要发育阶段，但谁的个子长得快了点，谁慢了点；谁先来了月经，谁后来了月经；谁胸部发育了，谁还干脆没长，等等。这些都很正常，你急个啥？大叔上学的时候一直是个小个子，到快高中毕业的时候一下子在班里变成最高的了，裤子都当裤衩穿了。不过如果你家族都是矮个子，这阶段父母就应该给你适当增加营养，你也应该加强锻炼。

61. 我为什么总是喜欢和比自己小、能力不如自己的孩子一起玩啊?

季大叔 因为你从心理上还留恋着童年，陶醉于天真的玩耍，不想长大，也说明你的童年玩得真的让你很开心。另外，你很喜欢在和比你小的人玩耍时你说了算的感觉，是一种支配心理，而你不想有和你竞争的对手参与，这也是你不自信的一面。但你不用奇怪，这只是你童年印记的惯性而已，你很快会回到中学同学这里。人是环境的产物，环境变了，你慢慢也就变了。

62. 我考试成绩不好时，就特别怕参加集体活动，觉得在群体里非常自卑。

季大叔 也没必要这样死要面子活受罪，而且好像别人都很关注你一样。严格地说，这也是一种有害的恐惧心理，是来源于对失败的恐惧，错误地认为考试成绩就是一切。我说朋友，醒醒吧，人家谁会在意你考的好不好啊，你也别自恋了。考试多如牛毛，让老师说当然哪次考试都重要，但考试正常，考不好也没什么不正常啊。你老把一场考试看得这么重，说明你心理素质还是有问题，不够淡定，这样反而不利于你以后的学习。你可以注意一下那些尖子生，他们一定是心理问题解决得最好的人。“放下”这个词，我希望你好好悟一下。

63. 我常常为很小的一件事情，就放不开，满心纠结，整日思索。

季大叔 这心理素质差得一塌糊涂啊！有些家庭，父母极端强势，孩子只有听命令的份，事事喜欢压制孩子而不是鼓励。这样的父母肯定不是孩子的朋友，那既然不是朋友，有些话不知道说了你会有啥反应，就干脆不说。于是孩子就自己琢磨，没人给他开导，没人给他参谋。还有一种是父母都是胆小怕事之人，或者就是咋咋呼呼的人，孩子有话也懒得和他们说。但我要告诉你的是，有话必须说，不能和父母说那就和别人说，比如你的成年人亲戚啊，值得信赖的朋友啊，等等。自己解不开的事情就要懂得借个脑袋思维，众人的智慧总要比你一个人强，这种性格你必须下决心改变，否则会损害健康，你没听说得癌症的人都与心中藏事、闷闷不乐的性格有关吗？

64. 我是女生，不敢一个人在家里，尤其是晚上，会有强烈的恐惧感。

李大叔 大叔小时候也会这样，但强烈就没有了。这或多或少有些恐惧症的症状，慢慢地可以克服。如果你父母经常夜间外出，附近治安也不好，这也要想个办法。比如，可以和你的邻居沟通好，有什么事就招呼一下；然后是留下当地管片民警的电话备用；最后是门窗锁好，给他来个“小兔子乖乖，门就是不开”。当你把什么准备工作都做好以后，你的恐惧感肯定会消除很多。至于你要是怕鬼就更没必要了，你个小女孩，鬼都懒得理你，我听说现在鬼也是要“出场费”的，谅你也付不起。

65. 听说一个同学得了白血病，我就经常担心自己会得病死掉。

李大叔 这是因为你不懂科学所致，没人纠正你，你走向了强迫症。人家都是无知者无畏，你是无知有畏，我给你好好分析一下你就知道你的担心是多余的了。一是白血病和遗传啊、装修甲醛啊等有关系，你具备吗？二是你得其他大病也没什么充分的理由，就是有什么家族遗传史也都不是100%遗传，或者也是中年以后的事了，少年病死的概率非常低。所以你基本是杞人忧天，没事找事，被自己的影子吓到了。

66. 我常常会后悔过去干过的蠢事，有沉重的负疚感。

李大叔 大叔也会这样，为年轻时干过的蠢事追悔，严重的那段时间我能拿得起、放得下的就剩筷子了。但我们追悔归追悔，如果让负疚感像重担压在我们身上，那就是问题了。如果过去犯的是重大错误，并且伤害到了谁，那我觉得不管事情过去多久，都应该尽量向当事人道歉，求得谅解，而我们心里也求得安宁。而如果是平常的错误，那也不必过于纠结，因为这一生里，我们冒犯别人或者别人冒犯我们的事都是难以避免的，事情过去了就过去了，能有负疚感就证明你已经接受教训了。如果只是自己愚蠢而并没有冒犯到别人，那你更应该判决自己刑满释放了，因为这样的囚徒困境，会使我们过去的学费都白交了。

67. 很多事情赶到一块，或者出什么差错我就十分容易焦躁，特别容易发火和埋怨别人，怎样克服呢？

李大叔 父母性格急躁的，孩子多半会遗传。所以我特别反对性格急，因为一急，难免就躁；一躁，难免就不注意说话分寸，就会伤人。认识到问题产生的原因有助于你从内心深处自觉去克服这一毛病。我有一个兄弟就是这德行：过年回家，他喜欢掌勺，但哪怕遇到碰倒个凳子之类的一点小事就气急败坏，找人撒气，骂骂咧咧，把别人搞得都没心情吃饭了。最重要的一个原因是他不能把事情事先安排得井井有条，其次是做事没有担当，喜欢推卸责任，乱发脾气。总之一句话，修养太差。本来嘛，事情都赶到一块了也要一件一件地做，而且做好了更会感觉有成就感，乱发火既没必要，也于事无补，还常常会得罪人。另外，你没注意看，品格高尚的人一出什么差错，立即就会先分析自己的责任，这种作风十分让人佩服。所以，你的性格还需要磨练啊！

68. 我容易一遇到挫折就心灰意冷，信心全无，觉得自己惧怕困难，是个没用的人，干啥都不行。

李大叔 是啊，我以前也琢磨过，能不能彻底消灭挫折呢，让我们做啥啥成，课本一学就会，考试一考就满分，可这样的生活还有意思吗？后来我就知道了，原来挫折就是我们生活的一部分，它让我们的生活波澜起伏、充满戏剧性。如果没了挫折，电视剧都不知道拍啥了，因为谁会喜欢看一个一帆风顺的主人公呢？所以，应该以平常心看待挫折，而对付挫折的终极办法就是从头再来。而等我们终于战胜挫折，迎来成功的那一天时，那就别提有多爽了，这时你会感叹：生活可真刺激啊！真精彩啊！如果没有了挫折，生活会多么平庸啊！原来挫折是成功的参照物啊！至于困难嘛，它实际就是给笨蛋设的门槛，而对有坚强意志的人来说这门槛则是无效的。

69. 父母想再生个孩子，也征求了我的意见，我觉得有个弟妹很麻烦，特别是会分走父母对我的爱，就不愿意。大叔怎么看？

季大叔 大叔看你是傻着呢！虽然我支持计划生育，但也支持一家生两个孩子，因为一个孩子既孤独，也风险大，现在中国有百万失独家庭的痛苦大家都看到了。作为你来说，多一个弟妹，多一份乐趣，多一份家的氛围。以后走上社会，你可能会面临许多困难，到时你就知道“打仗亲兄弟，上阵父子兵”这个道理了，最终能帮到你的，还是手足亲人。另外，以后的养老压力加大，多一个弟妹，你也减轻一份负担，怎么会说是麻烦呢？真是目光短浅。

70. 我（女生）不可救药地爱上了一个男生，但早恋严重影响了我的学习成绩，我该怎么办？

季大叔 大叔一般对早恋的态度是三不政策，即不鼓励、不反对、不看好。不鼓励，是担心你们无法把握这辆无轨的列车；不反对，是因为这是正常人性的一部分；不看好，就是中学生恋爱应该是属于试验阶段，难有婚嫁的未来。所以，一切靠你的掌握，没那金刚钻，就别揽那瓷器活。上帝让我们生理上的成熟远远早于心理上的成熟，我相信全国有很多中学生尝到了初恋的甜蜜，但日夜被这个问题困扰的也不会是少数。中学生如果一定要爱，那朦胧或者帕拉图式的爱也是一种选择；永久保持一定的身体距离和情感距离，等到上大学再说具体事，也是一种成熟。一般来说，中学时代的爱最后基本都会无疾而终，成活率极低。我从来都认为象牙塔里的恋爱根本就不靠谱，因为它在脱离物质世界喊空话，一旦双方走进这个物质世界，产生分歧在所难免，崩盘的可能性非常大。甭说是中学生，就是大学生恋爱，最后成功的都寥寥可数，这也是我不看好的原因。所以，既然知道这样，就应该知道因它而影响学业是得不偿失的。

71. 我（女生）到了高中，因为漂亮点就不停地被男生追求骚扰，不胜其烦，但也无可奈何。

季大叔 有一次一个女性朋友和我说，你知道大学生里漂亮的女孩为什么不多吗？那是因为漂亮的女孩在上高中的时候都被男生骚扰得根本学不成，最后高考都会败下阵来。我对这个问题是这么看的，我觉得这种情况首先是与你个人的定力，也就是抗干扰能力有关。你嘴上说烦，心里就怕或多或少有点小满足感，这是最麻烦的。再者，有骚扰一般也不会很过分，你严词拒绝、坚决抵制就可以了，过分的可以报告家长、老师，情节严重的甚至可报警处理。总之，一切都看你了。

72. 我一到重要考试的前夜就整夜睡不着觉，大叔有催眠的招没有？

季大叔 说说我的经验吧，未必科学啊！我始终认为，人的情绪可以千变万化，但只有一种情绪最能使人失眠，那就是兴奋。我也对类似担忧、痛苦之类的情绪下的睡眠进行观察过，结果也很快睡着了，只是可能会做不好的梦。那么怎样在这样特定的时刻消除兴奋呢？你躺在床上，强迫自己放慢呼吸（也就是深呼吸，给兴奋的情绪减少氧气支持），这时你会发现你无法集中精神去思考了，再继续暗示自己停止想一切现实生活中的问题，大脑就进入一种游离状态。但大脑还没有完全关闭意识状态，这时你可以让大脑处于意识“随波逐流”的状态，你似想非想地把自己的大脑带进一个荒芜的世界，遥远而不着边际，开始呈“碎片化”思维，就是完全不要有逻辑，并和现实世界完全脱节那种神话般的随想……于是，我催眠成功，这个办法我屡试不爽。

73. 我超级喜欢打篮球，受伤后被医生判决永远离开篮球运动。我不愿意接受这样的结果，因为只有篮球能给我带来信心和荣誉。现在我情绪相当低落，对学习也提不起兴趣，学习成绩直线下降，师生关系也搞得很僵。

季大叔 有句话说，人生往往不是输在起跑线上，也不是输在结果上，而是输在弯道上。记得卡耐基的《人性的弱点》里有个情节：一个正心情沮丧、焦头烂额的人，出门遇到了一个人和他热情打招呼，“你看今天的天气多好啊。”他抬头一看，原来是个坐在轮椅上的残疾人。事情就是这样，你对生活是否满怀热情，和你有没有腿都关系不大，况且你的腿只是不能打篮球而已。仅仅因为这样一件小事（和人生的长河比，这就是小事），你却要把整个中学生活毁掉，可见你的心理承受力堪比一个烧火棍子，脆弱得不堪一击。上帝给我们关上一扇门，往往会再给我们打开一扇窗，你不要以为你只能在篮球这棵树上吊死，姚明该退役也得退役。既然如此，你又何必对此耿耿于怀，走不出它的阴影？在我们的一生中，妥协也是常态，特别是对你无法改变的事物。

74. 我（高二）是一个文文静静、性格内向的女孩子，我对异性有着恐惧感。面对他们时，我总是手脚发抖，头上直冒冷汗，脸红心跳，甚至说话时会口吃，但面对同性时，我却完全可以和她们大大方方地交谈。

季大叔 青春期的初期，这种症状很多人或多或少都会有，只是没你那么严重罢了。其实，这就是荷尔蒙突然增长带来的男女意识的瞬间觉醒，没什么好药可治。一般来说，你需要逐渐开始接触异性，多在群体里活动，此症状自然会慢慢消失。

75. 最近听到一个新词，叫“初二综合征”，希望大叔给解释一下。

季大叔 上初二一般都是13岁左右，刚好是青春期初期，是一个人的心理和生理开始发生巨大转变的重要时期，而这种转变，直接导致一个人性格的形成和包括学习成绩在内的巨大变化，这个群体也会产生裂变。由于该学年功课难度迅速加大，那些学习扎实、方法得当的同学适应变化，杀出重围，开始领先；而那些平时死记硬背、知识面狭窄的同学开始掉队，成绩下滑。大叔上小学的时候也是名列前茅，到初二时就折戟沉沙，败下阵来（发现没，什么关键时候大叔都是扮演的倒霉蛋）。性格的形成更加剧了成绩的分化，有人毅力顽强，有人则学会了放弃；有人兴趣广泛，开始涉猎更多知识和建立兴趣爱好；有人一事无成，开始贪玩打游戏。青春期的生理变化，如遗精、月经等情况开始困扰同学们；家庭社会也开始对你们产生影响；世界观的雏形开始萌生和迅速构建起来了。所以，这个阶段你们需要家庭的温暖、老师的指导，同时也要很好地把握自己，要坚忍不拔地向上提升自己，而不是灰心丧气地向下沉沦，绝不能输在初二这个弯道上。

76. 为什么生活中感觉家人一旦产生矛盾就很难调和，都不想原谅对方，反而和外人相处得和和睦睦、客客气气。

季大叔 我有一个朋友，在家比较强势，喜欢较真，在他女儿高中的时候为复读的事打过女儿。现在女儿上大学，对他一直爱理不理，家也不回，但却还要花爸爸的钱。类似这样的故事，我一辈子不知道听过多少，很多矛盾到死都没有化解。一般来说，家人的关系主要是由爱和付出来调整的，而和外人的关系仅仅是由礼貌来调整的，所以我们和外人有时更容易相处，但家人间有些矛盾正是由爱而生。在爱的遮掩下，有的人就忘记了基本礼节，行为开始肆无忌惮。还有的人觉得获得家人的爱完全是应该的，对家人期望值过高，进而对爱索取无度，没有感恩，一旦未尽如人意，难免如堕深渊。最糟糕的是，大家都喜欢强调自己的正确而难以谅解对方，对他只能一直好却不能一朝得罪。正如一句西方谚语所说："每个人都强调自己是座大山，那你们之间怎能不产生沟壑。"一句话，那就是很多人还不懂得：人生的许多事需要放下，才能赢得心灵的释放。

77. 我心里埋藏着一个秘密，憋着实在难受，我可以和别人说吗？和谁说最保险呢？

季大叔 俗话说，贼不打三年自招。可见连做贼这样的丑事让人憋在心里都难受，所以很理解你的心情，但和谁去说这事就颇费思量了。有人说，秘密说给谁听，你就做了谁的奴隶，这话的确有一定的道理。秘密的诉说对象一般首选还是最好的朋友，可朋友接过你这个秘密之后如果觉得分量很轻，他就可能随时暴露；如果觉得分量很重，那他也会不堪重压，需要找他的好友或家人释放，那你的秘密就走上了传播之路，直至家喻户晓。所以有句话说：两个人知道的秘密就不是秘密。我看，还是憋着吧，也练练你的城府，开个玩笑，如果实在需要抒发一下情绪，可以向最好的朋友倾诉。

第二章

身体健康问题

1. 我可以使用成年人的化妆品吗?

季大叔 我看你还是免了吧，化妆品毕竟是化工产品，成年人的化妆品可能适合成年人的“厚脸皮”，能适合你的细皮嫩肉吗？古诗有说，清水出芙蓉，天然去雕饰。你不用，看你就是16岁，你一用就像26岁，遇到个近视眼，说不定看你像36岁，早上去上学，人家还以为你是老师呢。

2. 我的牙齿长得七扭八歪的很不好怎么办?

季大叔 应该立即去矫正，另外提醒你一下，一要到正规医院去看，二要不怕戴牙箍，三要舍得花钱，这些都是必须的。牙齿是一个人文明程度的镜子，如果你穿一身名牌，却露一口烂牙，只能落个耻笑。美应该从牙齿开始，没有牙齿的美，其他的美都是扯淡，如果你注意看就会发现，美国人全都是一口整齐的白牙，很多人有私人牙医，牙医是美国一个重要的高收入阶层。一般人和人初次见面，首先会注意到对方脸上的瑕疵，当他向其他人描述你的时候，会说你别的印象不深，就是长了一对虎牙，或者鼻子上有个痣等等（描述罪犯特征时也是这样）。

3. 到底应该怎样刷牙才科学，怎样保护牙齿才好？

季大叔 （1）应该使用软毛刷，以保护牙龈；（2）主要上下刷，适当平刷（我的经验）；（3）每次刷牙不少于三分钟，一周应有一次超过十分钟（拉美人刷牙都在十分钟以上）；（4）把舌头上下和口腔四周尽量都刷刷；（5）最好用温水；（6）变黄的牙齿可以通过刷牙得到极大的改善。说到保护牙齿，我就经常莫名其妙地给我女儿打电话，问她最近有没有去看牙医。为什么我会这样呢？因为龋齿经常会不知不觉跑到你的牙上，你经常去检查一下，牙医很轻松就给你处理了，几十元钱搞定。如果你等牙痛了再去，得，可能是已经感染到牙龈底部，需要根管治疗，要去几次医院，花上千元很正常。如果等牙掉了再去镶牙，那要花掉几千几万都很正常了。但不管花多少钱，都不会有原装的好。

4. 我是过敏体质怎么办？

季大叔 过敏体质很麻烦，一般药物治疗不能去根，最好的办法就是加强锻炼，增强体质，平衡膳食营养。

5. 我经常眼睛痒痒、流泪等。

季大叔 立即去看医生，可能是结膜炎、沙眼、泪道堵塞等，很容易治疗。

6. 口腔溃烂怎么办？

季大叔 去看医生，我怀疑是缺乏维生素B2等，另外要注意情绪和饮食，要避免焦虑和烦躁，饮食清淡。

7. 女生胸大很难为情怎么办？

季大叔 一般胸的大小和遗传等有关，也没什么可难为情的，过不了几年你就会为它骄傲了。

8. 有少白头怎么办，能染发吗？

季大叔 我说说我自己的情况。我也是上中学后发现自己有少白头，之后越来越多，19岁时开始染发到今年50多岁没断过，没有因为染发使身体出现什么问题。目前西医还拿这个病症束手无策，于是就出来很多骗子，应该注意。

9. 得了白癜风怎么办？

李大叔 别说，这还真是一件麻烦事，大叔有个侄孙也得了这种病，也是四处求医问药，北京的大医院也去过了，目前只能暂时控制。发病原因多与遗传有关（我的父亲有轻微的一点，我以前都不知道，隔代遗传了）。也听说有人治愈的，但骗子更多（骗子最喜欢在疑难杂症上下手），这点要提醒你了。大导演冯小刚也是这病，他不相信这病能治好。但我建议你要找到治愈的案例，再找医生，这样会靠谱点，据说多晒太阳有益。

10. 个子太高很痛苦怎么办？

李大叔 经常看看个子矮的，你的痛苦就消失了。

11. 应该每年去体检吗？

李大叔 如果条件允许当然应该每年体检一次，自己的身体情况全都在自己的掌控之中，这当然安心多了。我们知道，许多病症当我们发现的时候常常已进入晚期，所以，对身体的各部位能定期检查就再好不过了。另外，我喜欢和爱护自己身体的人打交道，因为这样的人一般不会做坏事，俗话说，只有爱自己的人才最有可能爱别人。

12. 我老是头疼怎么办？

李大叔 应及时去看医生，做检查。现代人的头疼病十有八九是颈椎引起的，所以保持良好的坐姿、良好的看电脑和手机的习惯都非常重要。有这病要赶快治，不然等你找了女朋友以后会更头疼。

13. 男生生殖器老是痒痒怎么办？

李大叔 这没什么可怕的，十有八九是念珠菌在搞事。但消灭念珠菌却很麻烦，除了要按时吃和涂抹医生开的药（如达克宁等）外，还要注意换洗晾晒内衣裤等。很多人这里痒痒就羞于启齿，于是拖来拖去，最后还是要治。其他病变引起的生殖器痒痒更要及时去看医生，以防是比念珠菌严重得多的病。提醒你平时走路带个包包，抓痒时可以遮挡一下。

14. 女生生殖器老是痒痒怎么办?

季大叔 念珠菌往往也是主角，但其他病因也不排除，应该及时看医生，不然你就知道啥叫“如坐针毡”了。

15. 觉得自己的生殖器有异常怎么办?

季大叔 很多少男少女在这个问题上喜欢大惊小怪，什么男生觉得自己的阴茎短小啊、女生惊讶自己的阴唇是黑木耳啊等等。因为你们正在生殖器官的成长期，每个人生殖器的形状、大小有些差异完全正常，不必疑神疑鬼，一般没什么问题。当然，如果出现明显的差异，那就最好告诉父母，并一起去看医生。

16. 男性生殖器包皮过长怎么办?

季大叔 应尽早做手术割掉，建议选择放假时间去割，因为调养完好大约需要两周。世界上许多宗教，例如犹太教，在出生不久后就要行“割礼”，就是割掉包皮，当年希特勒迫害犹太人，也有以包皮是否被割来认证的。现在一般认为出生割包皮是个好习惯，对健康有益，据说犹太人患阴茎癌的比例是世界上最低的。强调一下，非洲有些部落对女性进行的“割礼”是残忍和不人道的。

17. 脸上老是长痘痘怎么办?

季大叔 第一，长痘痘是青春期生理急剧变化引起的，国外医学认为主要是荷尔蒙的作用引起的，在这个问题上你不要听什么中医理论和那些卖药的骗子胡诌八扯，对度娘搜索靠前的那些公司更要远离。第二，找正规的皮肤科医生看。第三，仅从生理角度来说，本来这个年龄应该开始有性生活了，但人类给自己找了很多文明的麻烦，所以你自己应该多进行体育锻炼，释放荷尔蒙（我知道这样说比较虚伪）。

18. 很容易感冒怎么办?

季大叔 一年有一次感冒也算正常，但频繁了就是身体很弱、抵抗力差的表现了，应该去查查这几个方面的情况：自己体内的维生素和钙、铁、锌等物质是否平衡，精神上是否有忧虑，膳食是否正确，是否缺乏体育锻炼，等等。

19. 晨练到底好不好?

季大叔 如果晨练占用的是睡眠时间，那这样的晨练得不偿失，以我的经验看，健康应以心理健康排第一，睡眠排第二，饮食排第三，锻炼排第四。所以充足的睡眠比晨练更重要，尤其是青少年，本来就常常睡眠不足，早晨锻炼了，上课打瞌睡，一点意思都没有。英国政府已经要求各学校取消早自习之类的活动，尽量让学生睡眠足够。

20. 习惯晚睡怎么办?

季大叔 这是全世界青少年的特点，总以为睡眠是在浪费时间，所以尽量往后拖。其实，最后你失去的睡眠早晚要补回来，否则就损害你的健康。知道这一点的人不少，能克服的不多。建议你要求父母帮你控制睡眠时间，在宿舍住的大家达成一个睡眠共识，自己住的就把闹铃调得哇哇叫，不起来就不停地叫，8小时睡眠一定要保证，没什么事比这更重要。

21. 近视了就一定要带眼镜吗？

季大叔 新医学认为，170度以下就可以时戴时不戴，170度以上就一定要戴。在学习期间，不戴确实不方便，影响学习。另外也不要担心戴眼镜影响美观，搞好了还能让你的形象变得更好。但戴眼镜一定要注意，到正规的医院验光配眼镜最好，我看过央视一期青少年配眼镜的节目，8家配镜店给出了8个验光结果。所以，这件事也是大事，不能一味地图便宜。还有就是尽量不要戴隐形眼镜，那东西对卫生要求很高，中学生一般都笨手笨脚的，不适合。

22. 女生阴道有异味怎么办？

季大叔 不要拖，立即在家人陪伴下去看医生，应该是感染了细菌，很容易治的，很多妇科病都是在拖延下变得更加严重的。

23. 看书和电脑多了就会近视吗？

季大叔 听说过进化论吧？你的眼睛如果老看近前的东西那它就要适应近前的屈光。如果你是个在草原上放牧的，你就要留心你远处的小羔羊，那你的视力很可能要超过1.5了。不过近视的形成原因有很多，遗传和看书、看电脑坐姿不对等都是原因。所以要注意看书姿势，注意间隔休息。大叔看了半辈子书、近20年电脑，现在不过也就100度近视，更不花眼，从来没戴过眼镜，这都得益于我少年时经常望远遐想（其实是瞎想），牛吧！

24. 怎样尽早发现自己是否怀孕了？

季大叔 光指望摸肚子大小肯定不行，一般要学会使用早孕试纸检查，试纸上显示两条红线表示阳性，即是怀孕。性生活后一般也要多留意自己是否有恶心、月经不来等生理异常反应，如果实在担心，就在性生活7天以后到医院进行血HCG检查，这是检查怀孕最准确的方法。

25. 不小心使女友怀孕了怎么办？

季大叔 第一，立即告诉自己的母亲，寻求解决办法，如果你们是敢于承担的人，那就应该通知女孩的监护人，他们有权利知道。第二，千万不要自己找个小诊所堕胎。第三，如果实在不敢告诉双方家人，就要告诉其他亲人以寻求解决办法。总之，必须告诉一位可靠的成年人，人命关天，切不可自作主张。

26. 男生大了还老喜欢和妈妈睡怎么办？

季大叔 这个问题虽然主要是妈妈的原因，但如果你自己知道后果很严重，就应该主动拒绝。有什么严重后果呢？一般这样的孩子难以长大，普遍胆小怕事，社交能力极差。再一个这样的孩子恋母情结严重，以后成家过日子十有八九要和老婆吵架，婚姻不会幸福。更严重的是，这样的孩子基本都不会有什么出息，未来命运多舛。

27. 肛门老是痒痒怎么办？

季大叔 一般都是蛲虫病，或者是屁股没擦干净，粪渣刺激到皮肤而引起发炎。问题不大，注意卫生，找医生开点药涂抹涂抹就OK了。

28. 近视越来越严重怎么办？

季大叔 虽然现在有人危言耸听地把准分子治疗近视眼的手术痛批了一顿，但我还是觉得，手术还是比不手术要好。我不是在没有根据地胡说，我老婆已经做了这种手术很多年，现在情况依然很好。我有一个表姐，近视1000度，戴上镜子又难看又吓人，还很麻烦。问题是，那些反对手术的人也没有拿出什么好办法。

29. 别人说我唱歌五音不全是怎么回事？

季大叔 国外有位科学家研究了这个问题，认为是听力出现了问题，主要是耳朵的某个部位先天畸形，使听到的东西和正常人有偏差，于是在你“回放”的时候，就按偏差的调子唱了出来。所以，一般五音不全的人都不会认为自己唱的有错，就是这个原因。

30. 得了足癣怎么办?

李大叔 过去得了这个病那可真叫麻烦，我小时候经常看见我的父辈抱个脚搓痒痒。还有个笑话，有一天我问邻居家李叔，我说今晚工会放映电影，样板戏《龙江颂》。他鼻子一哼说，我看那破玩意，还不如在家搓会儿脚丫子呢！哈哈，看看，搓的有快感了。足癣是真菌感染，现在有很多药可以治疗，我认为国产的“土槿皮酊”和日本产的“娥罗那英H软膏”效果最好。

31. 痛经怎么办?

李大叔 初次痛当然要去看医生。痛经也有遗传因素，而且现在看来除了止痛药，也是没啥好招，只是平时要多注意，痛时只能适当喝红糖水，饮食上吃一些豆类、蔬菜、菠萝、茶等据说不错。结婚后痛经症状一般都会消失。

32. 有口臭怎么办？

季大叔 口臭的原因有很多，它也是一些疾病的征兆，但最常见的还是口腔疾病、厌氧菌作用以及口腔卫生问题等，也有其他疾病引起的。所以，应该到医院检查出病因，治本是关键。另外要注意口腔卫生，刷牙要仔细，舌头上下尤其要刷。

33. 有狐臭怎么办？

季大叔 轻微的狐臭现在有很多药可以治疗，可咨询有经验的医生。严重的狐臭还是应该去做手术，平时要勤洗澡。

34. 非常喜欢吃零食怎么办？

季大叔 喜欢吃零食的人一般都是在饮食上相当没品味的人，他们已经没有能力尽情享受正餐美食所带来的快乐了，这是认识出现了误区，导致成长中断，对美味的认识就一直停留在了儿童阶段，杯具啊！零食还妨碍肠胃的正常工作，打乱了肠胃的正常作息，也是引起肠胃病的根源之一。对此除了自我约束，其他招没有。

35. 我也会睡眠不好，能吃安眠药吗？

季大叔 可以参考我在前面一章提到的自我催眠方法。青少年都到了想吃安眠药的份上，那这样人也基本快报废了。有问题可以找心理医生（按小时收费，估计你会嫌贵）或者亲人、朋友聊聊，或者看看季大叔写的书（说不定你一看就睡着了）。吃安眠药我看就免了。

36. 我是女生，我的书包里应该准备避孕套吗？

季大叔 我说一下利弊，你们自己看是否应该放。在很多发达国家，避孕套在中学生，特别是中学女生的书包里很常见，有些是父母、老师要求放置的，因为他们承认，青少年的自制力是有限的，应该做好情绪失控的准备，防止怀孕。再有就是防止性病感染，保障安全，也要防止遭受强奸，因为很多事是难以预料的。那么书包里放置避孕套有什么弊端呢？我很笨，没看出来。

37. 我是女生，却长了小胡子了，身上汗毛重，很苦恼。

季大叔 引起女性多毛症的原因主要是体内睾丸酮分泌过多，引起多毛。很多人认为女性不分泌雄性激素，其实这是误解，正常女性也分泌少量雄性激素。目前最常用的是激光脱毛法，要挑选有丰富激光操作经验的医生，手术后要精心保养、严格防晒。总之，做手术之前要广泛咨询业内人士，了解自己的身体特点，做好一切相关功课，找正规医院和有经验的医生。

38. 耳朵里老是痒痒，只能经常掏，有害吗？

季大叔 很多人有喜欢掏耳朵的习惯，我以前也有。为什么会这样，因为掏耳朵止痒能带来快感。但这的确是一个坏习惯，很容易引起耳道感染。耳朵痒痒，一般都是耳道发炎，应该找医生开一些如“硼酸滴耳液”之类的药物滴进去。实在痒痒了再用棉签沾着药物轻轻擦几次就好了（而且也有快感），严重的一般还需要吃口服药，千万不能逮着什么东西都去掏耳朵。

39. 我很招蚊子是怎么回事？

季大叔 大叔曾经经销过一款灭蚊产品，经过学习才知道，蚊子喜欢找的目标是二氧化碳重的地方，人呼出二氧化碳，蚊子就找人咬。而且人体内的新陈代谢都会有二氧化碳伴随，新陈代谢越好的人，越招蚊子，这是美国科学家在花掉6千万美金、做了大量试验以后得出的结论。那为什么你的身体溢出的二氧化碳就多呢，就招蚊子呢？看过一篇英国科学家的报道，这与你的基因结构有关，所以什么某些血型招蚊子的说法都是扯淡的。

40. 我的脊柱弯曲怎么办？

季大叔 过去我们叫驼背，这也是青少年的常见病。我认为这病本来完全可以避免，比如加强体育锻炼，特别是瑜伽、体操和游泳等，注意端正自己坐立行的姿势，加强营养和阳光照射，等等。除此之外还有一个更重要的，就是从心理上真正使自己阳光起来，不要畏畏缩缩，要昂首挺胸，勇敢地面对一切。脊柱弯曲不及时矫正，到成年后就很难了，会严重影响你的形象，找对象时要减分那是肯定的。

41. 我的各项体育运动都很差，而且做起来姿势非常难看，这使我有点自卑，我是缺少运动天赋吗?

李大叔 是这样的，很多人的确没有运动天赋，身体协调性差，什么运动到他那里都会被他搞得很笨拙、很可笑，这没什么好奇怪的，就像有的人天生五音不全，啥歌都唱得难听一样。但这也不会影响你锻炼身体，最起码跑步你总会吧。不擅长体育，大不了不当运动员就得了，有什么好自卑的?

42. 我和周围的女生都发现我们有月经不调的症状，不知道是何原因，该怎么办?

李大叔 这是女生的常见病，有医疗机构做过调查，有近半数女生如此。产生的原因不外乎就是环境改变的适应问题、经期依然剧烈运动、生活学习紧张等。建议立即找医生，也要从心理上调节自己。

43. 我都高三了，但乳房一点儿也没有，胸部平平，感觉这很不正常。

李大叔 很多成年人也是这样，没什么好奇怪的，产生的原因主要是遗传、雌性激素分泌少，等等。建议找有经验的妇科专家聊聊，或许能给你一些好的建议。平时如果感觉不够美观，那就买胸罩垫衬吧。

44. 我发现我的胡须越来越重，我想去剪，但又怕越剪越重，刮胡子就更不敢想了。我都急死了，大叔你说可咋办啊？

季大叔 羡慕啊，现在男人能有点浓重的胡须，会被女人看成是男人味的标志，很多男人恨不得让前胸也长满了胸毛（但要变成毛孩儿就免了），你真是得了便宜还卖乖啊。珍惜吧，伙计，过几年走上社会你就知道了，没人会因为你一脸胡茬子而把你看成塔利班，只会说你很Man，而大胡茬子不都是在小时候积累的吗？

45. 我发现我只有一个睾丸，去医院医生也这么说，现在我担心死了，怕以后生不了孩子，心理负担很重。

季大叔 不必担心子弹少，估计是隐睾症，不是什么大不了的事。我有一个亲戚也是这个问题，但既没耽误他夫妻和美，也没耽误他生孩子。你应该去大医院，把情况彻底搞清楚，这样也就放心了。

46. 我（初一男生）父母的身高都不高，所以到初中后非常担心将来也是个矮个子，想通过打生长激素增高，不知道是否可以。

季大叔 到底该不该打也要看医生的态度，我想如果是我面临你的问题我也会选择打，一般来说会使人增加几厘米的高度。但防止个子矮小也要及早从多方面入手，如加强体育锻炼、保证充足睡眠、补充饮食营养、心态良好、勤晒太阳等。

47. 我一到考试、快进考场的时候就想大便，准的很，这让我很无奈。

季大叔 小时候很多人都有这个问题，有的父母一说带他出门他就喊要大便，有的一说要考试了就肚子疼，等等。其实这都是神经紧张或激动所致。我们知道，神经就像身上的传感器，它会把收到的紧张信息传达给身体的各个部位，于是就会导致上述症状。极度紧张还能引起更严重的情况或疾病发生，如常说的吓尿了裤子和心脏病突发等。你肯定没见过紧张时我们的头发和指甲会有什么反应，因为它们没神经，所以没感觉。解决这个问题不难，多经历一些事情就好了，也有镇定药物可以吃，而且考试不像奥运会一样有药检，但我是觉得没必要。

第三章

与家人的关系

1. 我应该和我的父母询问和讨论关于性的问题吗？如果不能，我该去问谁这方面的问题呢？

季大叔 记得我18岁时在县中学复习，有一天宿舍里十几个男孩子忽然争论起女人是用哪个器官生出孩子的。包括我在内近一半的同学认为是肛门，而另一半认为不是，但没人说出阴道这个词，现在想想这是多么悲哀的事情。我觉得，如果你处在一个民主气氛浓厚的家庭，不妨主动提出你的问题，要求父母解答你的困惑。如果父母能科学地解答你的问题，家里没有了对谈论性话题的严格禁忌，这当然是件很好的事情。解除了青少年对性的困惑，能使你们顿感周身轻松，对学习、对恋爱、对交友，都有莫大的益处。但如果没法从父母那里得到这些知识，你难免会到处寻找答案，饱尝困顿之苦，甚至误入歧途。对此我建议应该找相关老师或者书籍寻求答案，而同学间的道听途说往往难辨真伪，你们应该重视这个问题。

2. 我爸爸酗酒后常常暴打妈妈，有时连我也一起打，但我们的生活费还要依赖他，所以很无奈。

季大叔 心理学普遍认为，家庭暴力的施暴者在施暴过程中会产生一种快感，这促使他们经常因留恋这种快感而施暴，所以，这样的暴力必须阻止。第一，坚决报警，并告知父母以外的其他亲人，让更多人对他进行施压和监督。也许事情过后父母双方都埋怨你不应该报警，如果是这样，就更证明你报警的正确性，因为他们都在意了。第二，屡教不改，长期如此的话，坚决支持妈妈和他离婚。对使用暴力者，季大叔从来都是主张要让其受到处罚，轻易不可以向暴力低头。要知道，不是有了孩子的人就配做父亲。至于生活，离婚后他一样要掏抚养费，你妈妈也可以工作嘛，至少不用挨打了啊。当然，这需要你们做出选择。

3. 同学们在一起时也议论各自的父母，大家都觉得父母非常可笑，管的太多。其实说起来我们青春期易怒，也和他们管的太多有关，他们越管，我们越烦，越不愿意配合他们。

季大叔 所以就有了个词，叫青春期逆反心理症，这种心理就来源于你们在刚刚摆脱儿童心理后迅速崛起的独立意识，有时也把父母的关心看成是影响你独立的障碍。而父母却还停留在你们小学时候的惯性管理思维中，完全不知道你们已经悄悄进入"神经病"阶段，被你们一下子搞得措手不及，难免常常提着猪头找不到庙门。所以你们应该告诉父母，要想与时俱进，建议他们买几本青春期心理学著作看看。建议你们也不要以"病"为荣、以"病"为能，把父母对你们的良苦用心"横遭践踏"。一家人要相互理解、包容，你才能有所成就，没事别装"大尾巴狼"。

4. 我今年初二，父母给了我一部低配手机和他们联系，我要求给我配智能的，但他们就是不同意，还说要和老师商量。大叔觉得我应该用智能手机吗?

季大叔 若你有了智能手机，我看凶多吉少。不说别人，就说大叔我吧，自从有了智能手机，由于上面信息量过大，搞得我也是一天"低头不语"。但这几年下来，反思一下，什么是从手机上学到的？除了灌了一肚子心灵鸡汤，确实啥也没学到；但就算是鸡汤虽好，也不能贪杯，有些精神食粮吃多了，感觉也快成精神病了。说来大叔还算是有理想的人啊，都被这东西耗去了大量时间，原因就是一个没毅力。所以你说说你能比我好多少吧！我经常强调，我们是人不是神，请不要诱惑我们，仙家还是仙家做，没有凡人做仙家。建议如果你父母再想给你更换智能手机，你都要坚决回绝这种"不良诱惑"。

5. 快中考了，父母更加唠叨了，我写作业时把手机放在旁边他们也老是不满，天天和我叽叽歪歪的。最后还是把我搞火了，大吵了一次，大家都不愉快。大叔你说他们咋那么烦呢？

季大叔 写作业时旁边放个手机，干吗用？大叔也是只能“呵呵”，说句“你懂的”了。目前的情况是你没有给父母足够的信心，这让他们对你的中考捏了一把汗。再看你做事拖拖拉拉、不紧不慢的样子，时不时瞄一眼手机的那副德行，如果不加紧唠叨，估计板砖都直接上去了，我完全可以理解他们急迫的心情。怎奈皇帝不急太监急，你的表现还是“胜似闲庭信步”，真乃当代诸葛。我以为他们一唠叨，你就把最新的优秀成绩单直接甩给他们看呢，却原来是大吵一回。他们可能本以为你这种精神状态电击都激不活，结果几句话就激得你“跳将起来”，大动肝火，这说明你还是蛮有激情的嘛。我还是信奉那句话，也许我考的不好，但绝不能容忍是因为我不够努力的结果。大叔一贯主张，分内之事，尽力而为。你说说，你尽力了吗？

6. 我最讨厌我妈妈抠门小气，买个菜也是没完没了地讲价，上次出门她自己把车票搞丢了，人家让她补票，她一直纠缠人家不想补，我气得发誓再也不和她出门了。大叔你说我错了吗？

季大叔 这一般都是小时候落下的“拮据后遗症”，主要临床症状就是在乎小钱儿不在乎时间和口水，此症状尤其在赚固定工资的低收入群体中流行。那么大叔想说什么呢？我想告诉你们，这就是普通民众的生活和思维，你没什么好烦的。两代人价值观的不同经常体现在这个时候，矛盾经常因家里的钱怎么花而产生。你们应该由此知道赚钱不易，而不是唱高调、充大方，一味指责和瞧不起父母。我希望这种事情的经常发生，能警醒你们，应立志做一个有志向的人，长大以后成为一个有用的人，去改善家人的生活。

7. 我家让我觉得就像地狱，我妈妈成天唠叨谁家的孩子考上了大学，爸爸就是整天黑个脸，成绩上不去就连话都不想和我讲，我一想起他们就在课室里更坐不住了，烦得啥也学不下去。

季大叔 父母对你的成绩上不去急得要命，却选择了最坏的方法应对，说心里话，还不如没方法更好。这事换了我是你也是头疼：过往让学不学缺心眼，现在是现上轿现扎耳朵眼；过去好话一箩筐你不听，现在困难一箩筐你心惊惊。怎么办？依我看还是要你重新振作起来，盘点一下你的各门功课现有的掌握情况，在老师帮助下一起制订出一个稳健的学习计划。父母这边也要厚着脸皮和他们沟通，告诉他们你不会因为他们工作出现问题就看不起他们，他们也不要因为你的成绩下滑就成天黑个脸。全家人谁有困难就大家一起面对，而不是一味指责。然后就和他们检讨一下你的过错，大家讨论一下接下来怎么办。这样一来，大家看到你确实用心了，那即便成绩还是差强人意，也不能怪你了，因为你尽力了。

8. 班上有学习差的同学不参加高考，直接到国外去读书了，我希望父母拿出家里的积蓄让我也出国学习，因为我觉得我也难过高考这一关，到时大家脸面都不好。可他们就是不同意，现在我们闹得很僵。

季大叔 据我所知，在国内无心向学的，出了国情况都会更糟。基本是把家里的钱糟蹋完之后，要么搞个“克莱登大学”文凭，要么弄个培训证回来骗骗不懂外语的父母。把家里辛苦攒下的几个钱给你拿出去造，你说你有什么证据或者迹象让父母觉得你能在国外学有所成？你计划用多少年来收回你出国的成本？大叔这样说了也并非反对你去，只是让你掂量一下，切不要为了面子搞得鸡飞蛋打。想怎样，你自己看着办吧！

9. 我（高一男生）就是不喜欢、也不会做家务。有一次妈妈病了我也没帮她做家务，父亲回来就指责我冷漠、自私，接下来几天懒得和我说话。大叔你看看他们老是为一点屁事就搞得大家都不愉快，我现在也讨厌这个家了。

季大叔 既然你讨厌别人为一点屁事就搞得大家都不愉快，那你也别为一点屁事就不喜欢这个家了啊！要我说你爸爸对你的指责没错，因为在大叔眼里，这也完全不是一件屁事那么简单。在日本，家务是中学生的必修课，这一点我完全赞成。做饭、搞卫生等家务是我们生活的重要内容，我们还没有伟大到可以忽略家务的程度。况且一个人能否把日子过好，能否把家务做好就是一个重要的衡量指标。我老婆就声明，她绝不会和不会做饭的男人结婚。大叔也常常提个袋子去买菜，做饭更是每天的任务。没办法，活着就要吃。你看着你妈妈病了，都不伸手帮帮忙，你以为你是谁啊，是家里供的灶王爷啊？老爸说你几句，还叽叽歪歪的不认错，可见你真是三五进城，四（是）六不懂，完全是属于“没事找抽型”的。现在少废话，立即去给父母道歉，诚恳检讨错误。

10. 我（初三）最讨厌听父母说：考不上好高中，就考不上好大学，考不上好大学就没有好工作，没有好工作怎么养家糊口？给我施加压力，好像华山自古一条道一样，大叔你说我怎么反驳他们？

季大叔 反驳可以，但也要清楚他们的逻辑也有符合国情的一面，彻底批判也是失之公平。另外大叔也并非完全是给你提供炮弹的军火商，你要让他们最终折服你，靠的是行动，而不是几发语言炮弹。你可以告诉他们你是在沿着他们指引的路线奋勇前进，即便最终没有考上好高中，你也一样会努力考个大学，甚至考不上好大学也难说你赚不了钱养家，希望他们对你保持信心，一味施加压力的话尽量少说为好。而至于你就要尽力而为了。

11. 我妈妈每天晚饭时都说这句话“吃完了赶快学，学完了快点睡觉！”好像我是一部机器，除了吃饭和学习就没有别的一样，感觉老是被催促，是我最不喜欢的，大叔你说这样多没劲。

季大叔 你妈妈忽略了你的感受，我相信她是不小心或者没有意识到，这句几乎每个父母都常说的话，事实上爱的含量不多，也容易遭致反感，生生把一个想主动做事的人贬到了被动的境地。你现在已经是中学生了，你可以提醒妈妈你并非是个孩子了，而她应该相信你的自觉性，能换一种口气说话，或者干脆不要说这类的话会更好。否则，如果你爸爸每天对她说“你赶紧吃饭，吃完了赶紧刷碗”那她会是啥感受。

12. 我（高二女生）有个小我两岁的妹妹老是嫉妒我漂亮，常常故意给我难堪，这让我很困扰。

季大叔 这种事情多半是父母，尤其是母亲的错误造成的，她没有把亲情的重要性灌输给你们，她塑造出了一个从小就爱慕虚荣，同自己的姐姐都要争风吃醋的孩子，这完全是教育的失败。但你面对这种情况，就应该提醒父母，这是一个很严重的问题，它很可能最终导致这个家庭的分崩离析，因为有这样严重倾向的女孩子最容易干蠢事。而你要做的，是还要多关心和爱护妹妹，让她知道容貌只是人生的一个小内容，是否活得精彩还要看个人的能力、学识等。

13. 我面临的最大问题是家人有病而引起的极度贫困，已经威胁到我的学业了。

季大叔 屋漏偏逢连夜雨，这是很不幸，但又难以避免的事情。如果你感到生活窘迫到难以维持，你首先应该寻求政府和社会力量的帮助。你也要大胆地把自己的情况告诉老师和学校，寻求他们对你的支持和关怀，以便完成你的学业。从心理上你更要坚强起来，把这看成是生活的磨炼，要坚信一切都没什么了不起，一切都会好起来的。我们无法选择出身，但可以选择坚强。事实也都证明，很多这样的家庭出来的孩子走上社会后，确实都很有出息，到我们有能力的那一天，再来回报社会。

14. 我的父母对我应该是大家描绘的那种溺爱，却反而让我更反感他们，甚至不尊重他们了。

季大叔 心理学上认为，孩子进入青春期，就会产生强烈的独立意识，而溺爱的父母经常表现得和孩子过于亲近，事无巨细，关爱过度，使孩子感到没有机会表现和发挥他的独立意识和能力，没有办法建立带有隐私的自我空间，遂引起他们极度的反感和愤怒，使有些孩子成了家里的小霸王，一些对父母使用暴力的孩子也恰恰就出现在这样的家庭。可见溺爱是一种多么失败和愚蠢的教育，尤其应该引起中国父母的注意。遇到这样的家庭，你自己的头脑要清醒，不要忘乎所以，牢记要低调做人，做事有原则、有底线，绝不要因此沾染不良嗜好，并懂得要常常去感恩生活，善心常在。大叔之所以这样忠告你，确实是因为溺爱下的孩子往往后遗症都很严重，不是出这种问题就是出那种问题，你要好自为之啊！

15. 母亲和奶奶老是闹矛盾怎么办?

季大叔 告诉你一个理论，你看有没有道理，夫妻是一个家的核心组成，是家庭中最重要的关系。妈妈有妈妈的家庭核心，奶奶有奶奶的家庭核心。一般来说，夫妻关系和睦，则上下关系都会好，但有些奶奶（或者姥姥）自己已经有了一个核心还不够，还要跑到别人的核心里充当核心人物，这就是很多婆媳矛盾的主要原因。另一种就是妈妈可能对奶奶过于排斥，引起奶奶的不满。遇到这种情况，最上策就是不要使她们住到一起，如果一定要住到一起，那么首先要使奶奶明白，你不能干涉这个家庭的事情，你不是这个家庭的核心，就像我们也不能到爷爷奶奶家去指手画脚一样。人人必须是平等的，老人没有权利再跑到儿女的家里充当老大的角色。如果孝顺是建立在践踏人权平等的基础上的，那这样的孝顺一定要废除。但晚辈有赡养父母的义务，这点要注意、要坚持。不过目前的婆媳矛盾，一般都不是因为赡养问题引起的。你明白了这些道理，对分析和化解她们的矛盾一定会有帮助。

16. 父母老是问我学习成绩，好像不问这些事就不能说话了一样，让我很烦。

季大叔 你也不必过于烦，父母的心情可以理解，但你要让他们少问这些，就要给他们灌输一些理念。首先，你要让他们相信你做事、学习都很用心，有问题会找他们聊。其次，你要告诉他们，考试成绩在班上的排名有些小起伏完全正常，没必要太在意、太紧张。如果出现了大的波动，我想隐瞒，老师都会通知你们的。再次，你们老是没完没了地问这些，本身就是缺乏对我的信任，也搞乱了我的方寸，给我添堵，对我一点好处都没有。所以，有重要情况我会告诉你们。

17. 父母把钱管得太紧，搞得我做点啥都不方便，又不知道该怎么和他们说。

季大叔 大叔当年更惨，高中以前的财富积累从来没超过2元，搞得我现在一见百元大钞手都哆嗦、冒虚汗……算了，不说我，说你吧。你日常的开销，应该每月事先做好预算，让父母每周把钱交给你，这样免得每次要钱你都不好意思开口，或者被他们盘问来盘问去，做到明明白白花钱、清清楚楚办事。特殊或者临时支出，就开口申请，只要合乎情理，相信父母都会满足。除此之外，你应该给父母一个信任，让他们感觉你是个花钱靠谱的人，不会大手大脚，或者把钱用到不正当的地方，这样，你就可以额外申请一些钱由自己支配。你要告诉父母，这也是一种生活的锻炼，你会珍惜他们对你的信任。对孩子花钱过于限制，有可能把孩子搞成很自卑的性格。你也要视家里的经济情况而定，当然不能来“仔卖爷田心不疼”那一套。

18. 我是单亲家庭，和母亲在一起生活，应该怎样生活得开心些？

季大叔 也许生活会拮据一点，但完全没必要愁眉苦脸，阳光面对生活才是硬道理，还是那句话，一切都没什么了不起的。你也应该知道，你现在是母亲情感的唯一支撑，所以你更应该懂得关心和照顾她。在开支方面当然要多考虑母亲的收入情况，不要贸然开口。你的学习、心理和生活没有受到单亲原因的任何影响，这一定是母亲最想看到的。如果母亲想再觅配偶，你应该积极支持，做好参谋，多一份爱总是好事。平时也可以鼓励母亲多参加一些社交活动，不要老窝在家里。休息日和假期，尽量和母亲出去走走，多接触外面的世界有时会让人改变许多。另外，学会包容很重要。

19. 我是单亲家庭，和父亲在一起生活，应该怎样生活得开心些？

季大叔 和单亲爸爸与和单亲妈妈一起生活，感觉应该有巨大的不同。和单亲爸爸在一起，他可能不会对你的生活照料得那么细致，但这样却能使你尽早成熟起来。据调查，和单亲父亲生活的孩子比和单亲母亲一起生活的更容易适应生活，面对困难时更坚强。虽然每个人面对的情况千差万别，但相互的依恋和爱才是感情的纽带。作为孩子，你当然应该支持父亲再婚，并且从你的角度给他参谋和把关。什么样的女人适合他呢？我看，能接纳、包容你应该是最基本的条件。

20. 我是男生，后爸对妈妈还好，但却不喜欢我，怎么办？

季大叔 这可能你们三方都有问题。妈妈的问题是：她爱的人应该接受她的孩子，有爱屋及乌的情怀才好，否则这样的爱有失完整。后爸的问题是：作为成年男人，他应该更大气一点、包容一点，要组成家庭更多的应该是给予爱而不是索取。而对于未成年的你来说，责任最小，但你也应该至少不是惹是生非的孩子，对新任监护人也应该有起码的尊敬。每个人的具体情况千差万别，我也只能就原则而说。但总体而言，你少年时期获得的爱是有缺失的，这要引起你的注意，虽然我们没有获得足够的光和热，但不等于我们自己不能发出光和热。

21. 女生和后爸应该怎样相处？

李大叔 我们这里姑且不要考虑这位后爸属于哪类人，只说你应该做的。（1）既然是妈妈所爱，就要给后爸起码的尊重；（2）遇事多沟通，避免发生误会，没有证据的事情不乱猜；（3）如发现后爸有任何异常举动，都应该立即和妈妈谈；（4）避免和后爸有过分的肢体接触，也不要开过火的玩笑；（5）即使在家里穿着也不可太过暴露，更要有自己独立的房间。

22. 男生和后妈应该怎样相处？

李大叔 当然还是给予基本的尊重，如果感觉后妈人很可靠，你就不妨把你的心里话说给她听，这会让她感觉到你对她的信任和接纳，双方感情就会更进一步。平时有什么生活上的问题也多和她说，而不要一味地和爸爸说。你也不妨请她去参加学校的家长会，让她多参与你的生活和学习，你也就会更能获得她的信任和关爱。

23. 女生和后妈应该怎样相处？

李大叔 你在心理上应该立足的一个观念是：后妈的到来是爸爸的权利和需要，后妈的到来不是要夺走爸爸的爱，而是打算和爸爸一起来爱你，正常情况下一般应该是这样的，因为让一个女人进入这样一个二婚家庭她肯定已经是有所准备了。同时你也要理解她也是个女人，也会脆弱，也需要爱，所以你就不要对她吝啬你的爱。同后妈相处好的事例有很多，但肯定是建立在双方互相尊重之上，然后才有了互相关爱，最后才有了深爱。

24. 我们应该支持单亲的父母找对象吗？

季大叔 当然应该支持，因为父子或母子并不是一个家庭的核心，而夫妻才是家庭的核心。有了这个核心，外围的事情就都好办了。单亲的父母不仅仅是找到一个伴侣，也是找到了一个帮手、一个朋友、一个亲人，这个亲人的背后还有很多亲人。再面对困难，你们就有了团队的力量，就不再孤单。如果相处得好，就是一个完美的家庭，这对你的教育、你的成长，都会起到积极的作用。如果你阻止单亲父母再婚，既是自私也是对你有害的。如果你是恐惧找到不喜欢的后爸或者后妈，那就是杞人忧天。我们不要为那些还没有到来的恐惧而恐惧，更不要为那些还没有到来的忧愁而忧愁。我们应该活在今天，并敢于向往美好的明天。

25. 父母处处严管我，让我觉得没有一点自由，把我搞得很不开心。

季大叔 看看，大水漫灌、粗放经营，显得父母不负责任；小处着眼、事无巨细，又可能用力过猛。但不管怎么说，严管也是一种爱，尽管这种爱会让人觉得不舒服。有几种情况的应对供你参考：（1）整天盘问你的学习情况。这没什么，提醒他们你会跟得上。（2）担心你和坏孩子在一起。你就告诉他门，好人坏人你还分得清。（3）在开支上算计得很严。这就是父母对你有不信任的地方，应该给他们信心，让他们知道你不是乱花钱的人。（4）放学回到家就不让你出门。这种情况你就要及时告知你的去向，而且一定是真实的，获得他们对你的信任。

26. 由于经常和父亲发生冲突，我多次萌生想离家出走的念头。

李大叔 可以啊，可就是去哪里呢？这能解决问题吗？所以我还是劝你，找到冲突的根源，彻底解决问题才是上策。两代人发生意见冲突很正常，也常常是各有各的道理。我承认，有些父母并不是合格的父母，他们对孩子的管教也确实没啥水平，遇到这种情况，你应该把心中的烦恼说给老师听，说给心理辅导员听。如果你觉得这样还不够，就找到其他你信任的亲人去倾诉，请他们评评理，而他们也一定会把他们的意见传递到你父母的耳朵里，对他们形成影响和压力。离家出走绝不可取，看似平静的社会，对一个在外游荡的少年来说可能危机四伏。到时候局面就不是你能控制得了的了，也就很可能毁掉你的一生。

27. 我还在上初中，可是家里实在贫困，好想出去打工，可以吗？

李大叔 大叔理解你的困境，但出去打工这个想法还是免了吧。首先，你是在受义务教育的未成年人。家庭、政府、学校，都有义务让你完成学业，读书有困难完全可以向老师、学校提出来，向当地政府申请救济，甚至向媒体寻求帮助，这都是解决问题的办法。其次，你是个未成年人，哪个单位会录用你呢？会录用你的单位十有八九是黑工厂，到时候钱没挣着，身体却被搞垮了，这完全有可能。你可能说可以去熟人那里打工，都是一个村的熟人，等等。我告诉你，没有高中（或同等学历）毕业，没超过18岁，你就最好死了这份心。高中（或同等学力）水平是你将来认识社会的基本，否则即便你赚了钱，你也很可能是个“土财主”。要知道教育不完全是为赚钱而存在的，我们有太多的事要依赖我们所受到的教育程度。

28. 家人也支持老师体罚我怎么办？

李大叔 大叔小时候就常听我父母和老师说，孩子交给你管了，打他骂他都可以。看看，这话今天听起来毛病就很多了。我国《未成年人保护法》第二十一条规定：学校、幼儿园、托儿所的教职员工应当尊重未成年人的人格尊严，不得对未成年人实施体罚、变相体罚或者其他侮辱人格尊严的行为。老师对学生实施体罚已经成了众矢之的，让全社会都极其反感。你的家人支持老师体罚你，当然首先他们认为并没有把你体罚到伤筋动骨，另一个就是他们的教育思想还停留在认为暴力可以解决问题的阶段。但是对你实施体罚的老师和父母都不明白的是，教育的基础首先是爱的教育，否则是在给社会培养炸弹。因为体罚对学生心灵的摧残会给一个人的一生留下暴力的阴影，导致心理不健康，进而危害社会。对于实施体罚的老师，我们要坚决说不，如果家长也支持，我们就求助于社会力量，警察、政府、媒体、互联网都是我们可以利用的工具。但永远都不要以暴制暴，因为这就违背了当初我们反对暴力的初衷。

29. 我从小酷爱篮球，但父母不支持我的职业篮球道路怎么办？

季大叔 父母应该是认为你是个理想主义者，觉得你靠这个爱好将来打牙祭还可以，当正餐怕是吃不饱。大叔在这里是这样看这个问题的：那就是你是否已经完全具备了职业篮球运动员所要求的基本身体条件，你的运动天赋能否支撑你不断创造新的成绩，你家里是否有足够的财力帮你去深造。这些都具备了，还要考虑你能否有那个成才的机遇和名师的指导，最后还要考虑你的运动生命大概有几年，退役了你能干什么，等等。你要知道，爱好和职业多数时候完全是两回事，在这方面你的父母当然会给你考虑得更远，他们可能很担心看到你30多岁退役后找不着北的样子。而且一个好的篮球运动员比教授还稀少，所以它比其他行业成功的概率要低得多。但如果你完全是作为业余爱好，那我觉得很好，最好在大学里再寻找晋升的机会，这样就进退自如了。其他爱好也是这样，玩归玩，靠它吃饭就要慎重考虑了。

30. 父母一方病重，我老是担心如果他死了，我可怎么办？

季大叔 我小时候也这样想过，最后都证明是杞人忧天，在这个问题上小心掉入强迫症的陷阱。但如果真像你担心的那样发生了，你也不必陷入忧虑之中，因为有些事情，包括人的命运，我们都很难掌握，担心也没用，只会毁掉你的心情和学业。在这方面我很推崇卡耐基对付忧虑的三段论：第一，如果这件事情发生，那么最坏的结果会是什么？第二，鼓励自己坦然接受这个最坏的结果。第三，我有什么补救办法。这个三段论在大叔一生中最痛苦无助的日子里像深深隧道里的一丝光芒，照着我走出了黑暗。所以我后来从不为没有到来的事情忧虑，已经到来的事情就更不去忧虑了，去接受它、解决它就好了。

31. 父母和邻居闹僵，我应该怎么办？

李大叔 如果这个邻居过去就恶名远扬、不可理喻，那么大叔让你去行君子之风，的确有点唱高调的嫌疑了。问题是，现在的邻里纠纷都以鸡毛蒜皮的小事为多，你又何必参与进去。这时正好你可以把身份搞得中立一点，对这位邻居照常以礼相待，大度地打招呼，心存“让他三尺又何妨”之念，这怎能不得到对方的尊重？一段日子过去，你的行为必然会缓和两家的气氛，也会使大人们检讨他们的过失，甚至对自己做的过分的地方产生悔意。这时你可以不失时机地创造和好的机会，事情就会走向和缓。毕竟远亲不如近邻，搞僵关系，没有赢家。

32. 父母有重男轻女思想，而且非常严重，怎么办？

李大叔 这类人是大叔最鄙视的人，社会今天都已经如此翻天覆地地发展前进，而这伙重男轻女的人却还几乎活在古代，脑袋里还没有建立人人平等的观念，而且是对自己亲生的骨肉都没有平等对待，这是无论如何都让人无法原谅的事情。但我始终相信种瓜得瓜、种豆得豆的真理，苦果他们种下，早晚会有收获的一天，造孽者必遭天谴。有这样的父母固然是你的不幸，但在家里你也可以尽量争取自己的权利，如果他们做得过分也可以向老师、向其他亲人、向社会求助，努力完成自己的学业。

33. 我父亲一回家就侃侃而谈他对现世的看法，但他与我的世界观是有冲突的，我往往不赞成他的观点。

李大叔 青春期的你们接触的东西越来越多，思想独立意识也越来越强，这就形成了自己的世界观，但你的世界观还是在形成当中，将来会改变的可能性非常大。所以你因为这个问题去和父母发生冲突或者对抗完全没有必要，至于你们谁对谁错，最好让时间来证明一切。所谓“和父母说不到一块”，也要检讨你自己的思想是不是很激进、是不是很消极等。总之，家是个共同生活的地方，尽量少搞成像议会辩论的地方。否则往往问题没解决，彼此却伤了和气。

34. 觉得我的父母很没本事、很窝囊怎么办？

李大叔 呵呵，有没有本事这事也看怎么说，你爸是李铁，而可能你想他最好是李钢。以大叔的标准看，他们能供养你到高中毕业，这就够有本事的了，也是很值得大叔尊敬的人了。我要提醒你，你的结论一定是同其他父母对比而得来，但我要告诉你，人与人是不能做这样的对比的。一个人有没有本事，与出身、遗传、环境、社会、命运等都有着莫大的关系，很多事情非人力所能及。所以，武断地把一个人打上没本事的标签既不公平也不应该，特别是作为儿女，更不能在外面知道点皮毛，回家就认为自己的父母没本事，这是非常错误的心态。父母就是再没本事，也是他们把你带到了这个世界，这一点就已经值得我们感恩终生。而即便他们没本事，那你就得努力，去做个有本事的人。假设你认为父母没本事，是因为父母不能给你好的条件让你获得更好的生活和发展，那我倒觉得没本事的更像是你了。

35. 我和父亲性格不合，他曾经当众打了我，让我始终很恨他。

李大叔 大叔小时候也挨过父亲当众痛打，但我依然爱着我的父亲。按照《未成年人保护法》，你父亲的行为是违法的行为，而且你有权利报警，让他接受法律的处罚。但大叔要让你搞明白的是，他是因为爱你而打了你，还是因为不爱你而打了你。当然，如果他经常这样，那你就可以报警；如果是偶尔出于愤怒，并且事后道歉讲和，我看这事就算了。不要把你父亲抬高到圣人的席位，他当然也会犯错误。但你要为此去憎恨他，这是大叔不赞成的，有的时候我们要区分别暴力和歧视。没错，大叔是说过，绝不能向暴力妥协，但作为父亲，他把暴力纳入到了他的教育方法里，这就存在一个主观原因的问题，也就是说，他的出发点可能是为你好。而如果是歧视，那出发点就是坏的。所以，歧视比暴力更恶劣。总之，如果这是父亲的偶尔为之，并且事后认错，那么你应该可以原谅他，记仇和憎恨的心态极不可取。家人之间都没有宽容，这还像个家吗?

36. 父母错怪了我却不道歉，还说父母怎么能给小孩认错。

李大叔 这说明你的父母还远不是思想开明的父母，也没有把你既作为孩子又作为朋友看待，封建的家长作风还很严重。但作为他们的儿女，你也不必为此耿耿于怀，在日常的生活中你依然不缺少他们的爱就可以了。再说，你慢慢提高了理论和认知水平，完全可以返过来灌输给他们啊，特别是当他们在他们的父母面前遭遇不公的时候，你完全可以调侃他们几句啊。我还告诉你，不喜欢认错，不仅仅是你父母特有的毛病，这种思想在不少人心中存在，原因就是他们没有勇气认错，或者不想承担认错后要赔偿的责任。

37. 家人总是喜欢大事小事唠唠叨叨，唠叨得我非常反感。

季大叔 不用问，这肯定和你的行为失当有关，不然谁会没完没了地唠叨。比如，学习和做事马马虎虎、拖拖拉拉、不讲卫生等，是最容易遭受家人唠叨的。我的经验是，被唠叨者的错误往往大于唠叨本身，任何唠叨肯定有它的道理。对此你应该检讨自己的行为和不好的生活习惯，勇敢地去改正它们，让家人无可挑剔，这也能为你以后的道路打下良好的基础。不要拿出烂泥扶不上墙的样子，一条道跑到黑。

38. 我的父母常常不遵守承诺，把对我的失信轻描淡写，甚至还振振有词，让我很不喜欢。

季大叔 轻诺者寡信，这话一点都没错，这也说明，当初他们承诺你的时候就没打算认真对待，这样的行为殊不可取，你完全有必要讲讲“曾子杀猪”的故事给他们听听。但你知道他们这样不好，至少你以后不会这样，这才是最重要的。

39. 家里已经给我订了一门亲事，我不喜欢怎么办?

季大叔 我国《未成年人保护法》第十五条明确规定：父母或者其他监护人不得允许或者迫使未成年人结婚，不得为未成年人订立婚约。所以他们这样的定亲行为是违法的，婚约自然也不受法律保护，而且也是对你的权利的侵犯，你完全有权对此置之不理。对此你必须明确态度，绝不出卖你的爱情。你应该告诉父母，这样做是不对的。如果为眼前利益去做这样的事情，那就更不应该，出卖爱情，除了自己遭罪，对对方也是莫大的伤害，严重的会酿成大祸，这可不是件小事啊!

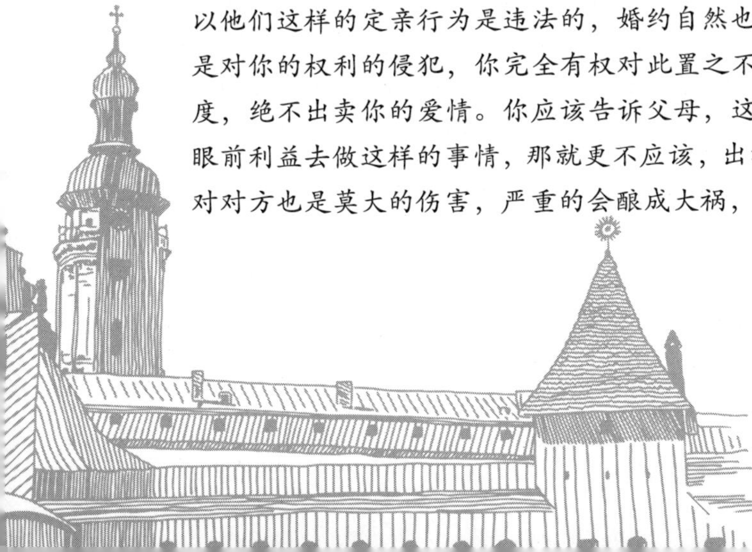

40. 感觉父母不尊重我的隐私，但我也确实不知道我的隐私权有哪些。

季大叔 我国《未成年人保护法》第三十九条规定：任何组织或者个人不得披露未成年人的个人隐私。对未成年人的信件、日记、电子邮件，任何组织或者个人不得隐匿、毁弃；除因追查犯罪的需要，由公安机关或者人民检察院依法进行检查，或者对无行为能力的未成年人的信件、日记、电子邮件由其父母或者其他监护人代为开拆、查阅外，任何组织或者个人不得开拆、查阅。这些你的确应该知道。

41. 我的父亲整天一副很严肃的样子，让我感觉有点难以亲近，搞得我家的气氛没别人家融洽。

季大叔 有的人天生就是那样，可能是他内心紧张所致。他为什么紧张？是因为他工作或者生活的压力大，而他自己又是个谨小慎微、十分多虑的人。所以，这样的人你很难看到他有个笑脸。大叔小时候看到这样的脸最多，好像他的孩子们都欠着他什么一样，整天没个好脸色，现在才明白，原来是他们心理压抑，有心理问题。遇到这样的父亲你可千万别和他一起严肃，据我所知，这样的人最喜欢与性格开朗、活泼好动的人相处，以缓解他的压力和改善他的心情。所以，你就尽可能地去靠近他，和他聊天。特别是有什么生活上的疑问就去请教他，以便让他有自己是什么都明白的“能人”的感觉，以增强他的自信。拉他一起出游和进行体育锻炼也是好主意，这样你们之间就会慢慢相处融洽了。

42. 我（高一女生）压根不想再读书了，实在没兴趣；父母逼我学，我就往外跑。因为我漂亮，不少朋友喜欢给我花钱，所以我在外面倒很开心，根本没什么可担心的，父母抓我回去我就还会跑。大叔你说我错了吗？他们干吗逼我做我不喜欢的事啊？

季大叔 大叔从来都承认，由于家庭和天生的原因，有的人确实不适合在学校里读书，如果逼迫他们坐在课室里，甚至害人害己。但作为家长，要承认这一点，那是需要一番痛苦的折磨的，遗憾的是很多家长遭受多少折磨却还是不愿意承认。如果我是你的父母，我将断然支持你退学，然后全家坐在一起，找出一个适合你的、你愿意的最佳出路。你目前的情况可以说非常危险，靠漂亮找钱花虽然不难，但让你付出代价几乎是早晚的事，到时候你定会后悔莫及。你目前最好是找一个可以和你父母沟通的亲人，给他们做做工作，然后大家坐下来，心平气和地讨论你的未来。而你要做的，就是结束目前的灰色生活，保证投入一场新的生活里面，让父母放心。

43. 父母老是有意无意地拿我和其他同学比，让我很反感。

李大叔 北方有句谚语说，人比人得死，货比货得扔。有句笑话是一个父亲训斥儿子说，肯尼迪像你这么大的时候就是全美的明星了；而儿子回答说，肯尼迪像你这么大的时候都是总统了。所以你应该告诉父母，人和人真的无法比较，所以你从来不拿他们和那些有成就的人去比较。生子当如孙仲谋，爷爷也这么想过。

44. 我父母对我的期望值太高，逢人就讲我一直要读到博士，让我感觉压力山大。

李大叔 如果他们的期望让你感觉骑虎难下了，那这个虎是他们让你骑上的，不是你要骑的。你有必要时常给他们泼点冷水，打击打击他们，不要让他们的脑袋始终处于高烧状态，免得烧干了锅。能读到博士固然好，读不到也正常。另外一个问题更重要，如果他们让你读到博士主要是为了给他们脸上贴金，那你的确要劝劝他们还是应该摆正心态才好。

45. 父母为了不让我上网，每天等我回来就拆除键盘，让我很是愤怒。

李大叔 这种对人不信任的态度的确让人恼火，但我们再回头想一下，如果他们不这样做，你的自制力又怎样？会不会像个无赖一样赖在电脑前，吃饭都叫不动？如果是，那得了，乌鸦落在猪身上——谁也别说谁黑。建议你还是长点骨头，先尽力赢得他们的信任。

46. 别的同学打了我，回家父母还骂我窝囊，让我以牙还牙，打死算他们的。

李大叔 中国的父母遇到这种事八成会是这态度，其愤怒的心情溢于言表，可以理解。未成年人之间发生肢体冲突，按说也是常事，试想都把对方打死，能行吗？这里还是我一再提出过的那个问题，就是暴力或者以暴制暴，到底是不是解决问题的途径？我说过，我是不会向暴力低头的，对施暴者需要给予严惩。但是，执行惩罚者却不一定是我们自己，启动制度的大棒和拿起法律的武器都应该是首选的途径，如果再施以社会舆论等，也足以使施暴者得到相应的惩罚。试问，我们这是对暴力低头吗？

47. 我和同学打架，结果被同学的父亲逮到，臭骂我一顿，还要揍我、威胁我。这事对我的心理负面影响很大。

李大叔 不管你们打架孰对孰错，作为成年人这样深度介入都是极不可取的行为。此事让你心理有阴影，正是由于这种不对称势力控制了你们未成年人之间的事务，继而打破了原有的平衡，使你感受到威胁，不知道以后怎样处理同学之间的关系了。建议你不要将这件事自己扛，可以和老师或者父母说（但希望你的父母属于理性的人），获得他们的支持保证。同时你也可以在心理上放下这件事，理解对方父亲的护子心切，大胆、大度地和打架的同学走向和解，事情自然会烟消云散。

48. 我最讨厌我妈妈老是在我看电视在兴头上时强行关掉电视，不许我看，我们现在闹得很僵。

李大叔 我一贯认为，家里有学生，那就要先小人后君子，大家制定出看电视的原则。比如，什么情况下可以看，什么情况下绝对不能看。父母也不能随时想看就看，因为孩子在学习，你们在那里热火朝天地看电视，这会让孩子感觉他是在孤军奋战。既然琴瑟起，何以笙萧默，于是干脆你看我也看。而一般在知识分子家庭，父母也会拿起一本书来看，让家里保持安静的学习气氛，这才叫身教。光叽叽歪歪在那里言传能说服谁啊？但许多情况下我们要学会自律。妈妈强行关掉电视，想来一定是你那“兴头上”的时刻也是久了点。不管怎么说，你们因为看电视争吵，你不觉得有点可笑吗？你若和电视向来缘浅，何来情深；没有情深，何来兴头？

49. 我发现现在好像需要花钱的事多了，挪用饭卡里的钱（套现）的次数越来越多，不过懒得和父母说，自己就只好饿几天了。

季大叔 有些钱你认为应该花，但你如果和父母说，他们就可能不赞成。几次这样下来，你也懒得再同他们说了。有的家庭宽裕，有的家庭拮据，自己知道量体裁衣、量车使牛就得了。但我对你老是挪用饭卡里的钱而把自己搞得饥一顿、饱一顿极为反对，而且你正是长身体的时候，这样搞下去后果很严重。让一个中学生吃不上午饭，也是对自己的父母、学校的羞辱，所以这事要找到一个解决办法。但我可不希望看到你挪用饭卡里的钱原来是到网吧打游戏。

50. 我没有了爸爸，我妈妈整天把我看得紧紧的，不准我和任何同学玩，除了做作业，也不让我做任何事，完全禁锢我，她憋着一股劲让我必须考上好大学，却让我感觉身心疲惫。

季大叔 我知道很多你这种情况的孩子，最后和妈妈走上了完全对抗的道路，甚至离家出走，混迹社会，成了问题少年。妈妈的希望也彻底落空，最终鸡飞蛋打，播下了龙种，收获了跳蚤。情况就出在单亲妈妈压力太大，望子成龙、望女成凤，其心切切，但又并不会因为如此她就懂得了教育的诀窍。她把孩子当作实现她梦想的工具，想从她身上把压力转移到孩子身上的结果也只能是压垮孩子。事实证明，一个失败的运动员，也不会是一个好教练员。遇到这种情况，你应该与老师一起和妈妈经常沟通，把生活气氛搞得轻松一些。应该知道生活没那么可怕，未来也没那么吓人。大学是要考，但方法要得当，况且大学也不是通往美丽人生的唯一道路。

51. 我的父母一生气就喜欢晒他们给我花掉了多少多少钱，这真是让我烦。

季大叔 父母为我们做了什么，我们当然要知道感恩。老是晒为你花了多少钱，其目的是让你有内疚感，进而达到你对父母感恩、让步的目的。但这种目的大可不必靠这种方法达到，因为大爱无需晒细节，而这样做恰恰损害了这种大爱，让亲情“庸俗化”。我们需要把道理跟父母讲清楚，让爱来指导我们的家庭教育而不是金钱。

52. 父母离异后，我（初三女生）跟着母亲过，也会常常到父亲那里去。但母亲很反对我和父亲来往，还老是说父亲的坏话，这让我很为难，因为我实在不想介入到他们的矛盾中去。

季大叔 这种情况很糟糕，你有必要帮助母亲走出离异的阴影。你应该使母亲明确：第一，如果一个离异的父亲，并没有放弃履行父亲的义务，那父女间的探视，既是法律允许的，也是双方情感需要的，更有利于你在同学中间建立自信；第二，经常感受父亲的关爱，有利于你人格的塑造和三观的确立；第三，可以得到经济的帮助，有利于减轻母亲的负担；第四，亲人之间不应该疏远，多一份爱有什么不好？

53. 我挚爱的妈妈去年突然去世了，我遭受了灭顶之灾般的打击，成绩迅速下滑，而且对什么都失去了兴趣。父亲和老师也很着急，在尽量帮助我，但是我真的承受不了这样的打击。

季大叔 看了你的问题，大叔也是独坐沙发，眼含泪花，我深知母亲对一个未成年人的分量。对于你的悲伤，大叔感同身受。我有一个外甥，十几年前他高三一开学就诊断出得了肾病综合征，腿肿得老粗，只好退学，我的姐姐四处借钱给他看病，那真是遭尽了罪、吃尽了苦。别的同学们都在紧张地考大学，他却躺在病床上没完没了地接受治疗，可想那是种什么心情。当时我这个当舅舅的也是没钱，就给他买了一个影碟播放机和一本书寄给了他，书名叫《人性的弱点》，结果他看了书后大受鼓舞，经常在电话里和我讨论这本书，并且战胜了病魔。第二年他再次投入高考，终于考入一所财经大学。现在，他是北京一家大公司的财务主管，家庭也幸福美满。所以我相信，上帝给我们关上一扇门，就一定会给我们打开一扇窗。在接下来的日子里，希望你能走出挫折，和父亲一起把生活过好，在老师的帮助下把学业补回来。我还是那句话：困难，有种你来吧，没什么了不起的！

54. 我今年的成绩有点下滑，父亲就说是我的宠物狗耽误了我，要把狗送人，免得我分心。但我成绩下滑，实在和狗没有一点关系，为此我和父亲闹得很僵。

季大叔 病急乱投医，脚气打点滴。如果做家长的没有找到成绩下滑的原因就乱做决定，那么真正引起成绩下滑的原因就反而被掩盖了。所以，你应该主动和他一起分析出原因，并着手解决才好。也方便把喷在宠物身上的不实之词拿开，为狗“平反昭雪”。你爸爸这种养狗态度也是不负责任，既然养了，就当作家中一员，怎么说送人就送人？

55. 我父母整天对我问这问那，搞得我特别不耐烦，就经常撒谎敷衍他们。结果有时候被他们发现揭穿，就给我扣了个不诚实的帽子，这更让我不想搭理他们了。

季大叔 问一问毕竟也是关心你，如果没什么必要，你干吗撒谎呢？你应该知道，经常撒谎就会陷入一种循环依赖的撒谎癖。开始也许是善意的谎言，接着就可能是敷衍的谎言，最后就是纯粹的谎言，这当然是不诚实。大叔最受不了的就是这个，如果你对我撒谎一次，那我第二次还怎么相信你？没人相信你，你还怎么社会上立足？

56. 我偶然发现我爸爸经常上那些黄色网站浏览，这让爸爸在我心目中的形象大打折扣，一度甚至很苦恼，但又不好揭穿他。

季大叔 少见多怪的人就容易大惊小怪，你让我想起了一句法国谚语：“人人都喜欢在别人的事情上主持公道”。把这和一个人的形象扯到一起我无法认同，一个人在家里看这类东西，难道妨碍到谁了吗？显然没有。难道他很龌龊吗？也没有证据。记得在张学良的家里有这样一幅对联：百善孝为先，论心不论事，论事天下无孝子；万恶淫为首，论事不论心，论心千古无完人。对性事的好奇是人之常情，再说作为成年人，提高一下性知识、性技巧也不是坏事，何来形象受损之说？好在你不是成年人，否则你可能会被讽为伪道德家，可是就连孔子都说：“吾未见好德如好色者也。”

57. 我爸爸有“恋物癖”，我们家里的东西从来都是只进不出，结果垃圾越来越多，家里连个下脚的地方都没了，但他就是不舍得扔，我和妈妈都拿他没办法。

季大叔 这是贫困时代的后遗症，患者内心深处有极度的不安全感，是一种防御心理，抑或是对某种物品久未得到而产生的强烈饥渴心理。要解决这个问题，需要他的后代表现出极优秀的潜质，特别能有固定且较高的收入，才能让他缓解。所以说，你父亲这种情况，恐怕要等到你走上社会，有稳定的收入以后他才可能改变。还有一种解释，就顺便说说我自己对这件事的感受吧。我小的时候极度渴望能得到一个属于自己的足球或者篮球，但直到高中毕业，我这一炽热的愿望也没有得到满足。成年以后，我每次走过卖足球和篮球的地方，都会拿起球，驻足几分钟，默默地回忆那悲催的过去，接下来我会计算一下我现在的收入可以买回多少球，求得一下心理的满足。玩具手枪也是一样，在成年以前也始终未有得到。记得在我40岁生日的时候，我还曾花了10元钱买了个玩具手枪，把玩了很久。这些都说明：有些物品承载着一种青春的记忆，它们能够用来作为过来人怀旧的道具，留恋它，却已经超越了它的价值。

58. 我爸爸对我的言传身教就是一辈子都不要管别人的闲事，事事保持中立，随大流，谁也不得罪，谨防枪打出头鸟，永远做老好人。

李大叔 哈珀•李在《杀死一只知更鸟》里有句话说：“有一种东西不能遵循从众原则，那就是人的良心。”你爸爸一定是被人和人之间的争斗吓破了胆。但很可惜，树欲静而风不止，想与世无争苟延残喘，老天偏不遂人愿。大了不说也罢，就说身边，有几个老好人在改革开放以后发了财、成了知识精英、成了我们身边的成功人士？罕有。可这事就奇怪了，老天为什么不眷恋老好人？我的回答是，上帝的算盘是你能拨的吗？老好人，或者说是某种意义上的老实人，他们在这个社会不思进取，庸庸碌碌，毫无原则，不敢伸张正义，上帝凭什么眷顾他们？正如但丁所言：“地狱中最炽热的部分，就是给那些在伟大的精神考验面前保持中立的人准备的。”所以，翻开历史，每当出现天灾人祸的时候，最先完蛋的正是许多有这样思维的所谓“老好人”。呵呵，醒醒吧！

第四章

与老师的关系

1. 我学习不好，作业都难以完成，不被老师喜欢，很惆怅，不知道怎么办。

季大叔 可以先自己分析一下心理因素，看是不是由于家庭的原因使你分心了，或者有什么令你忧虑和恐惧的事情。如果有，必须先解决，少年时代绝不能背负心理包袱来学习。如果这些都排除，那就八成是你自己不上进了，你需要给自己开会整风了，但结果无非是两个字——改变。柏拉图说过：“我们的生活有太多的无奈，我们无法改变，也无力去改变，更糟的是，我们失去了改变的想法。”所以，到底是老师不喜欢你，还是你一直没给老师找个理由关注你，这都取决于你有没有一个积极向上的学习态度。老鼠不打洞，一般不是门牙的问题，都是态度的问题，你需要调整一下心态了，不要做“人间惆怅客”。

2. 我是女生，爱上了一个帅哥老师，一上他的课就脸红心跳，同学都笑话我了。

季大叔 青春期条件反射的机理作用，大部分人都会有一次，也没什么可笑的。你的情况要说爱就还谈不上，喜欢就有可能。按说这事也没什么大惊小怪的，喜欢就喜欢呗，只是大叔在这里提醒你几句：一是尽量不要表白，因为他如果回绝你，你会很受伤；如果他不回绝你，你又该怎样往下进行呢？二是把态度放轻松点，更好地把他的课程学好，顺便欣赏一下帅哥也是件很美的事。三是鲜美的食物也会变质，所以你还是多观察，说不定哪天你更了解他了，就不喜欢他了。停下脚步，留下美好的回忆；向前一步，可能走向庸俗。

3. 我在课堂上虽然犯了错，但受到老师当众言辞侮辱，让我怒火中烧，我该怎么办？

季大叔 “夫人必自侮，然后人侮之”，相信一定是老师被你气急了。你应该先想一想，事情是你惹起来的，别人也不是圣贤，发火在所难免，这个时候你一回击，冲突将更加激烈，很可能将骂战升级，最后不可收拾。毕达哥拉斯的名言不应忘记：愤怒以愚蠢开始，以后悔告终。所以这时你应该让一步，心里不断默念：“冲动是魔鬼，我也是有错方”。事情基本也就过去了。我相信，如果老师做得过分，那你一定会赢得同情分，老师反而陷入被动，过后再和他谈谈，他也会检讨自己的过错。毕竟我们是来向老师学习的，不是来斗气的。小不忍则乱大谋，相信我的没错。

4. 新来的老师太年轻，感觉不可靠怎么办？

季大叔 别在那里瞎感觉了，可靠不可靠先别管，是骡子是马拿出来遛遛再说。现在很多年轻的教师，受现代教育思想影响很大，有的人还蛮有抱负，想做出一番事业。你应该支持新来的老师工作，他肯定会对你有好感，如果你这门课学得不好，就把新来的老师做为一个契机，说不定他的教学方法偏偏你喜欢，能给你一个全新的感受呢。所以，每次来一个新老师，都要把他看成是一次机遇才对。

5. 老师有错应该当众指出吗？

季大叔 这要看是什么错，在什么地方犯的错。如果是在课堂上讲错了，那完全可以指出，老师一般都会理解，很多老师还会鼓励这种行为。但要注意，那些在课下发生的、不影响什么的错误，或者你指出以后会影响老师情绪的错误，我看还是免了。比如，数学老师把莫扎特的曲子说成是肖邦的曲子，这样的错误无伤大雅，有什么关系呢？做事要高调，做人要低调。在课堂上指出老师的错误，是在做事，高调一些完全可以；面对这位数学老师的错误，则要给人留面子，这是做人的问题，那就要低调。

6. 有些课外活动，老师总是选那几个同学去，不选我，感觉受到了老师不公正对待。

季大叔 小事一桩，老师管理着几十号学生，有时忽略了谁的感受，没有照顾到谁的情绪，这都是很正常的事情。遇到这种时候，你应该多问自己：我的任务是什么？我来这里是来干什么的？我是来学习的，我是来这里让自己掌握知识的，我既不是来和老师斗气的，更不是来和同学争风吃醋的，再大的不公，总不至于剥夺我学习的权利吧，有什么了不起呢！也许我还不够优秀，我应该努力，如果我优秀了，这样的不公正又能把我奈何？大叔最不喜欢事事论长短、处处争风头的人。遇到这种事，平静淡定，方显成熟本色，否则“知我者，谓我心忧，不知我者，谓我何求”。

7. 我也知道应该注意听讲，但一上课就老是犯困怎么办？

季大叔 呵呵，“书里有梦想，犯困也正常”。简单，下次你带个极品朝天椒，一犯困可以咬一口，开个玩笑。现在的中学生作业多、学业繁重，而这个年龄的孩子做事又不能长时间专注，做一会儿作业往往还要搞点别的事，常常熬到半夜作业都做不完，结果睡眠不足，上课犯困。睡眠不足听课就走神，据说这是全世界孩子面临的问题，也往往是影响成绩好坏的重要原因，所以，睡眠质量非常重要。建议你请求父母监督，准点睡觉。当然，你自己也应该提高写作业的效率了。另外，父母在客厅里老是看电视也会影响到你的作息，所以建议父母把电视搬到他们的卧室，在你入睡前，家里最好保持安静。

8. 我被老师冤枉了怎么办？

季大叔 申辩。老师不信？那你就找出确凿的证据给他。你没证据？那就保留意见，不与争论，提防越描越黑，让时间来证明一切，相信清者自清。什么？还要处分你？那就和校长说或者和父母说。如果是在事情的原则上冤枉了你，那就不要憋在心里，小心憋出病来，勇敢申辩，没什么了不起的，咱不能炊事员行军——尽替人背黑锅啊。我还是强调弱者要懂得“制衡”原理，才能很好地保护自己。比如，被老师不公对待，就找父母出面，反之就找老师出面。如果被双方不公对待或忽略，就找社会力量或者亲戚制衡。这叫借力使力，咱不能做成年人愚蠢行为的牺牲品。

9. 我有问题又不敢去问老师怎么办？

李大叔 得，这说明你还没有定位好你和老师的关系，这是一个很重要，也很严肃的问题。我们对老师尊敬，但不能敬而远之。帮我们解决问题，这是老师的职责所在，不论是学习上还是生活上遇到问题，老师都有责任给我们一个可行可靠的答案。而你却不敢问老师，那你来学校干吗？再说，老师就喜欢那些好提问题的孩子啊，做学生就是问题多嘛，没问题谁还来这上学啊？你也许担心你提的问题很幼稚、很浅显，但你本身也不是个成熟的人啊，提什么问题都是正常的！千万不要再这样了，否则就把自己害了。

10. 我有问题去问老师，却被批评了一顿，让我每次去问老师问题心里都打怵。

李大叔 确切地说，一般这都不算批评，而是责怪。他可能责怪你上课不注意听讲，或者责怪你这个问题不明白，早就应该来问清楚。这一般都是极善意的批评，这批评当然不是对你来提问本身的批评，这点要明确，免得你下次干脆不敢去问了。这样的批评你应该迅速接受，等老师把对你的不满发泄完了，他自然就会开始解决你的问题了，然后皆大欢喜、喜大普奔。可你如果连这样的批评都不能正常对待，下次怕了，不敢问了，那就又本末倒置了。

11. 我自己觉得在班里表现够积极，也做了一些事，但依然没入选班干部，使我对老师和同学都很不满，真实感受到了人情冷暖。

李大叔 天啊，还“人情冷暖”，大叔看你实在是病得不轻了。谁说过你做了一些事就应该做班干部，别人做班干部你就觉得是“牛打江山马坐殿”吗？我说过：“要做班干部唯一的理由就是我爱这个班集体，我想为他们服务，除此之外的任何理由说出来都可能是自私和羞耻的。”你说说你要做班干部的理由是什么？能说出口吗？如果你也爱这个班集体，想为他们服务，那么不做班干部就不能为他们服务了吗？别人不选你做班干部，你就大为不满，这不是“官迷心窍”吗？你这是什么为同学服务？我看更像是虚荣、没出息，有想在人之上的优越思想存在。要知道，天使之所以成为天使，是因为他们总把自己看得很轻，而你恰恰总把自己看得很重。遇到这种事最正确的态度就是检讨自己哪里做得还不够好，以后做人要诚实低调，多做少说。再说，能上能下才是正常，你也可以抓紧时间多用在自己的学习上，顺便考验一下自己的承受力，这也不失为一件好事嘛。

12. 无意间知道了老师的一些隐私，觉得老师在我眼里的形象没那么高大了。

季大叔 哪个人没有隐私呢？不管你知道了老师的什么隐私，只要不是违法的，我想这都和你没什么关系，也不应该影响你对老师的态度。你要想想，有人不小心看到了你的隐私，故而就改变了对你的态度，你喜欢不喜欢？“己所不欲，勿施于人”是做人的基本准则。我还要提醒你一句，如果老师的隐私不触犯道德和法律，就不要到处传播，包括你的父母，要让它永远烂在你的肚子里。嘴严不仅是一种修养，更是一种品格。

13. 我的老师想通过我找我爸爸办点私事怎么办？

季大叔 你就答应说回去问问爸爸呀，至于这事该不该办、能不能办和怎样办，我想你爸爸会掌握分寸的。老师也是普通人，生活中也会面临很多问题，也需要朋友的帮助，所以这次找到了你爸爸，这也很正常。我要提醒你的是，你告诉你爸爸后，最好不要再参与他们之间的办事过程，也不要打听相关细节，见了老师也和没发生过这件事一样。尤其是不要将这件事告诉其他同学，以便让老师对包括你在内的任何人都保持一个公平和平和的心态。这样事情没办成，让大家也都觉得很正常；事情办成了，你也没必要太过得意，这也是修养。

14. 老师和家长都说我看课外书多，会耽误课程，得不偿失。

季大叔 大叔觉得你们很有福气，现在的老师和家长仅仅认为你们读的课外书多而有微词，而大叔那个年代把课外书都当做“小三儿”来对待，学校和家长都经常严格抄查，看本书都跟做贼似的。但最后事实证明，喜欢看课外书的人大部分考试考得很好，走上社会以后，喜欢读书的人几乎过的都比不喜欢读书的人更有成就。人云“腹有诗书气自华，最是书香能致远”。你一生的命运都掌握在读书上，课内书是你为晋升而读，课外书是你为命运而读，此何来得不偿失？

15. 我妈说我有点多愁善感，转到这所学校已经两年了，感觉学校和班里的同学有股僵尸般的冷漠，让我觉得生活灰灰的。

季大叔 我怀疑是你对曾经发生的事情存在心理阴影所致，或者对什么事情心怀恐惧和怀疑，应该找到原因，消除这样的心理。你看，夜晚，当大家都抱怨黑暗的时候，萤火虫没说什么，它直接就自己发光了。你遇到的这种死气沉沉的学校和一群僵尸般的同学，在一些移民学校偶尔会有。那么大家果真是一群僵尸吗？我看非也。你自己把自己打扮成一个月亮，专等着太阳发光照亮你，那你也只不过是个月光下的僵尸而已。你完全可以在你的范围内活泼起来，把同学们带动起来，共同发热，赶走冷漠。我不相信一伙青春期的孩子可以安静得像一排墓碑，他们怎能没有沸腾的思想呢？他们不过是一包还没有引爆的炸药而已，一旦引爆，怕连你那多愁善感的性格都被炸得无影无踪。

16. 大叔，为什么有的老师整天没个好脸色，见了我们老是骂骂咧咧，不是训斥就是谩骂，他很恨我们吗？

季大叔 大叔上初中时的物理老师就是，上一堂课总要抽出五分钟时间把我们骂得狗血喷头，没办法，因为他打心眼里厌恶这些学生，这些学生自然对他也没好感，背后我们没人叫他老师，却把他的绰号叫得满天飞。这说明，老师的心理也未必总是健康的，他们同样存在着这样或者那样的心理问题。有位叫王琦的老师说过，“只要心中充满爱，哪个孩子不可爱”。一个老师如果没有把爱学生作为老师的基本要求，那他就不会对学生有好脸色。当然，他可能生活不如意，烦心事很多，把学生当他的出气筒。但这也都不是理由，是他该去看看心理医生了。我还发现小县城里这类的老师尤其多，这也是因为很多家长没有形成制衡学校的力量，促使其越加肆无忌惮。现在好了，家长们有了QQ群、微信群，很容易合力对付这类“流氓”老师了。

17. 我（初三男生）和化学老师的孩子吵架了，还把他揍了一顿，现在很担心老师报复，有点不安和焦虑。

李大叔 是有很多老师的孩子也和他在同一所学校，和其他同学闹点矛盾也在所难免。你把事情做了，却不料你没有那个心理承受力。但你不消除这种不安和焦虑，对你接下来的学习和生活肯定是有害的。你一天也不要怕这怕那的，把自己搞的像伍子胥过昭关一样，老师可能也没你想的那么没水平，我们自己做事也要敢做敢当。建议在班主任的主导下，双方都检讨一下，该认错认错、该和好和好，没什么大不了的。你如果这样做了，老师再有什么报复行动那就不是你的错了。我一再说，不要为那些已经过去和还没有到来的忧愁而忧愁。别人预支金钱，你预支忧愁，当心搞个神经衰弱、满头白发。解决那些已发生的事情就够我们费心了，你哪有闲工夫操心那些还没影的事啊！没事别惹事，有事别怕事。

18. 喜欢和老师接近，有同学就说我爱巴结老师，郁闷！

李大叔 这个大叔知道，那些没胆量接近老师的同学很多会这样说，但他们骨子里却在羡慕你——他们羡慕你能大大方方、坦坦荡荡地和老师接近。而他们却没这个勇气，因为他们有心理障碍，他们想不通过老师自己就打开“任督二脉”，寄希望揪着自己的头发就能上月球。遇到这类同学，你可以帮他们一把，把他们从月球的梦境中拉回来。比如，鼓励他们有问题大胆和老师说，经常拉着他们一起找老师沟通交谈。当他们也和老师互动得很好以后，自然就没人说你了。

19. 老师生活穷困，我家条件好，我能帮助他吗？

李大叔 没错，老师也会遇到很多困难，特别是许多贫困地区的教师，收入普遍偏低，生活压力很大。但要注意几个问题：（1）要和父母商量，因为财富是他们的，你无权支配；（2）要做到保密，因为如果被其他教师知道会产生不必要的猜测，被同学知道也会产生一些联想，干扰老师的正常工作；（3）尽量避免给现金，而是“顺便”资助他一些生活用品。“穷则独善其身，达则兼济天下”，乃君子之道也。

20. 我（高二男生）的班上新来的女老师太年轻漂亮了，让同学们都想入非非了，上课时会有明显的躁动。

季大叔 扼腕叹息啊，我当年怎么碰不到这种好事。不过遇到这事也是很麻烦，记得一个南非的芭蕾舞导演说过，芭蕾舞演员不能找很漂亮的，因为这会影响观众对芭蕾舞本身的关注，现在看来教学也是这样。但漂亮毕竟不是错，想入非非却有自作多情的嫌疑了。你们应该知道，非分的想法有些荒唐且浪费时间，但最好还是把你对老师美的欣赏融入到对她所授课程的喜爱上。换了我，一定会把她教的这门功课学得呱呱叫，因为我想听到她舒心的表扬和赞美。

21. 发现某位任课老师的责任心不强，课堂秩序比五代十国还乱，他却不管不问，让我很失望。

季大叔 大叔上学的时候这样的老师很多，现在有这样“修养”的老师应该不多了，因为现在学校对老师教学的要求很高，一味地迁就学生，老师的教学效果可能会打折扣。但既然你碰上了这类老师，我就告诉你这个老师的心态吧，以便你去应对。(1) 他对班里那几个“闹将”基本是采取放任的态度，是因为他已经对他们放弃了，压根就没指望他们能学好；(2) 你注意观察，他对那些对他的课程感兴趣的同学绝对是很好的，而那些同学也并不受课堂纪律不佳的影响。何去何从，你应该知道了。

22. 我们学校有的任课老师一点小事就喜欢到班主任那里去告状，让人特反感。

季大叔 这也说明这个老师是一个认真和较真的人，还没有那么“油条”的人，也说明他对你们的期望值是很高的，故而出现了一些小事他就很难容忍。说实话，有时这样的老师真的没什么不好，他们对课堂纪律要求严格对大家也好，而且你注意观察，这样的老师往往很有才华，注意听他的课你会收获多多。但你如果把他打入令你反感的告密者的黑名单，那影响的只能是你自己的学习成绩。所以你较个什么劲啊，成天反感这反感那，把你自己管好啥反感都没了。

23. 我和某位任课老师吵了一架，而且吵得很凶，真不知道以后这门课还怎么上。

季大叔 大叔一贯主张，师生吵架后必须和解，否则留下隔阂会耽误学生。很多学生就是因为和老师的矛盾无法解决，进而失去学习的兴趣和动力，影响了自己的一生，所以兹事体大、非同小可。凡事都有个是非，和任课老师吵架后，应主动找班主任谈，实事求是地陈述自己的理由而不要狡辩，以利于班主任做出正确判断。班主任一般都会把你和任课老师叫到一起处理这件事，而你也应该尽力检讨自己的不是，绝不能当着班主任的面再去指责任课老师的什么不是，要懂得给他留点面子。虽然你可能没有听到这位老师对自己错误的深刻检讨，但你不必生气，因为他心里明白着呢，他以后在上课中就会友好地对待你的。我说了，你不要事事较真，毕竟我们是来和老师学习的，不是来和老师斗气的。

24. 我们老师的脾气很坏，看起来样子也很凶，我们都很怕他，上课有恐惧感。

季大叔 莫说是一个教育工作者，就是一个普通人，哪怕你再有本事，脾气一坏，什么都玩完了。不过遇到这样的老师你可以享受其长，规避其短。比如，这样的老师一般会让课堂纪律很好，也会让调皮捣蛋的学生不敢轻举妄动，你如果爱学习，这当然是好事；规避其短就是少惹他不高兴，尤其要虚心向他请教，他自然不会对你乱发脾气。另外，这样的人有时就是性格急躁而已，其心可能并不坏，进一步交往沟通，你也许会发现他的闪光点。

25. 我不愿意参加某项课外活动，老师就说我没有集体荣誉感。我很讨厌他这样扣帽子，但不知道该怎么应对。

季大叔 大叔小时候也最讨厌老师拿什么“集体荣誉”说事，我有那么坏、那么有影响力，把集体荣誉说破坏就破坏了吗？老师应该更尊敬学生的个性发展，想不想参加什么课外活动，完全应该由学生自己决定。什么事都强调整齐划一、步调一致，那教出来的学生还能有什么个性，没个性还提什么创新思维？我们的“合唱演员”够多了，应该教出几个“独唱演员”了。我支持你对老师的拒绝，因为这是你的权利。但你的态度坚定，话却要委婉，你尤其要和老师强调，我现在和将来，都希望做一个有独立思考能力的人，对此我有信心，我将来也要为包括你在内的那些教过我的老师争光。如果你想将来做个有个性的人，你完全可以大胆和老师这样说，相信老师会对你刮目相看的。

26. 我和同学打架，老师明显偏袒那一方，让我非常不服气。

季大叔 这有几种可能，也许是你平时给老师的印象不好，经常惹事；其次是老师有时会站在弱的一方以平衡情绪。但不管怎样，偏袒一方总是不好的。至于老师是如何想的，你应该事后找老师谈谈，把问题解决，或许他能说出一些他的道理。你打他一拳，他踹你一脚，真理早被你们打没了，你说你还能正确到哪里？

27. 老师就知道偏爱那几个学习好的同学，让我这样学习差的同学很反感，怎么办？

季大叔 以我的经验，老师就是老师，她不是你妈。老师肯定不会偏爱那几个学习差的就是了，否则怪事又来了。这里也可能有几种情况，一种是学习好的同学问题也多，他们可能经常向老师问这问那，在外人看来他们就会显得很近乎，可谁让你们不多去问老师呢！二是学习好的同学能给老师带来成就感。这种偏爱几乎无法消除，只能说轻重程度不同而已，尤其是在现行教育体制下。但学习差的同学也不必灰心，毕竟老师是希望大家都能学好，而你学习一差，就可能有些自卑，以为自己属于“姥姥不疼、舅舅不爱”的小可怜，对这类问题就很敏感。其实，这根本不算什么事，你也争取拿到好成绩就可以了。

28. 老师就喜欢把他不喜欢的，包括我这样的同学放到后排座位，这让我很恨他。

季大叔 我说你的恨也太多了吧，有意见就说有意见，哪来的那么多恨啊？老师整天费尽心血教你，到最后还落了个恨。都是你这样的学生，谁还愿意做老师啊？难怪有老师自嘲：上辈子杀猪，这辈子教书。坐后排就恨，难道都去坐第一排，把后排空着吗？放谁到后排，也许是因为他的视力好，看黑板没问题；或者因为他个子太高，怕阻挡了别人视线；或者因为他很自律，放到哪里都不影响听讲，等等。所以不能一概而论，也别把后排座位看成了差等生的流放地。我建议你如果喜欢坐前排，就拿出你想坐前排的理由，直接说给老师听好了，即便他现在不考虑，以后有机会调整座位的时候他可能也会考虑，至少会给你一个说法。凡事别老抱怨，你到底去争取了没有？

29. 老师偏把我不喜欢的人调到与我同桌，让我觉得他是故意和我过不去，让我很讨厌他这样的行为。

季大叔 我主张，想和谁同桌的权利应该无条件交给学生，民主先从这里开始（现在很多学校是这样的）。大叔小时候也是，就想和班里最漂亮的女生同桌，以便能体面潇洒一回，但就是难以满足。看别的同学坐在了班花身边，那心酸得也像打碎了老坛酸菜，一时“潇”都不见了，全剩“洒”（傻）了。不过其实啊，在这个问题上你可能陷入“阴谋论”了，也许老师并不是有意的。座位的安排老师往往会考虑很多，比如关系太好的在一起会老说话，一方对另一方有爱意的在一起会影响学习，两个爱捣蛋在一起会联合捣蛋等。不过呢，都是同学，都想和自己喜欢的同学同桌，这就很难满足。但如果你真的强烈反感谁，那你也可以私下里找老师商量一下，拿出你足够的理由，相信老师也会考虑你的要求的。

30. 我常常因为回答不出问题就被老师罚站一节课，这公平吗？

季大叔 是不公平啊，大叔上中学的时候也享受过这种待遇，我趁老师不注意的时候又坐下了，但老师又把我叫了起来。看看，这也说明老师对我还是蛮关照的，在他讲课时那么紧张的情况下，都不忘让我站起来好好听讲，担心我一坐下就会瞌睡。所以啊，这事也不能完全说是坏事，对你的学习也是个警醒。毕竟在各种惩罚中，这是最轻的一种了，你就忍忍吧！我要提醒你注意的是，你站着的时候千万别老觉得丢面子而只顾羞愧，倒把老师讲的啥全没听进去，那就是白站了。所以，反正也是站着了，索性认真听一下老师到底讲的什么，然后再积极回答老师提出的问题。说不定还落个表扬，而就算他不表扬，你的所谓面子也就全挽回了。

31. 我上课弄出一点响动，老师批评我而且话很难听，我顶撞了他几句，他就把我赶出课室，我没心思学他的课了。

季大叔 大叔一贯认为，先惹事的一方有责任先忍耐。你上课时“孜孜不倦”地搞小动作，弄出声音干扰了老师讲课，换了谁都会很恼火，批评你几句你还怪他怎么没用好话批评你，而且你不道歉还要顶撞老师，我看把你赶出课堂一点都不过分。这事换我也会想，我本将心向明月，奈何明月照沟渠啊！你如果和老师换位思考一下，就会知道这种行为实在是让人烦。事情过后你应该主动找老师检讨错误，而不是一副瘦驴拉硬屎、驴倒架不倒的样子，继而又赌上自己的学业，更加错上加错，耽误的只能是你。当初本来一个道歉就能解决的问题，你却擦粉进棺材——死要面子，最终吃亏的当然还是你。大叔真希望以后我们的学校开设这样一门课程——“道歉和认错”。

32. 老师就信班干部的话，结果班里越搞越乱，很让我对老师没信心，这样会影响我的学习。

季大叔 看来你们班的确需要整风了，虽然班干部是老师的帮手，但没人能保证他们就一定会做人做事、一定会判断是非，他们有错也在所难免，压根就不应该高看他们，老师就更不能对他们言听计从了。但问题可能也没你说的那么严重，你的眼光没必要盯在班里乱不乱上，能不受其影响，学到你需要的东西那才是你的本事。就好比赛场上打球，观众吼叫得一塌糊涂，老运动员丝毫不受影响，这就是过硬的心理素质。班里就是再乱，也终有治理的一天，但你可不要在这一天到来之前倒下哦！之前许多同学反映说因为班里秩序乱而无心向学，这应该是我的答案吧。

33. 虽然是高三了，但连续学习太紧张了，圣诞节同学们想娱乐一下，老师就是不同意。这很扫大家的兴，让人反感。

季大叔 有些成年人的确健忘，他们才从青少年时代走过来几天，就好像已经把那个时代的心境都忘得一干二净了。对孩子们的想法完全不能感同身受，乏味得像个“老古董”。浪漫一词在他们身上已然是荡然无存，我真不知道怎么说他们好。遇到这样的老师，同学们就应该事先找到几个班干部，让他们告诉老师，圣诞节大家想借机娱乐一下，以放松一下近来持续绷紧的情绪，因为对此同学们呼声很高，就算不同意，大家心已飞。相信老师也会予以考虑，就是猴子做个动作还要给点奖励嘛，这是动物的天性。

34. 我一直有些看不清楚黑板上的字，但又不想戴眼镜，怕戴上摘不下来。

季大叔 那你有本事就说服老师把你调到前排好了。说到戴眼镜，无非也是个习惯问题，我知道你是不甘心早早就戴上眼镜，希望能挣扎着过完学习阶段。其实这完全没什么，和你的学习比起来这一点都不重要。所以你应该克服这种抗拒心理，总要把黑板上的字看清楚啊！另外，很多人戴上眼镜我看还蛮斯文的，大叔有个朋友，面相粗放，为了改变形象，整日都戴个没有镜片的镜框。别说，效果还可以，以前我看他一直像个“杀猪的”，现在看他有点像个“贩猪的”了。

35. 有的老师太喜欢拖堂，每次都把课间休息时间占完，非常讨厌又无可奈何。

季大叔 我也很讨厌老师的这种做法，明明是自己备课不充分、时间预算不准确，却一味口沫横飞、歹戏拖棚，如果经常这么干那是对学生权利的一种侵犯，同时讲课的效果也会大打折扣。我觉得这个时候就需要班干部出面了，你们可以坐到一起，商量一个意见，最好经班主任认可，再知会这个老师，相信对他的触动一定会很大。任何懂得心理学的人都知道，学生对上课的专注时间是有限的，所以才发明了课间休息，这是科学，不是管理者的乐善好施。学生们没有经过课间头脑转换和放松，对下一节课也会产生抵触。

36. 老师多次在课堂上没收我的东西，让我很恨他。

季大叔 大叔在这件事上很支持老师，为什么呢？古人有句话叫“玩物丧志”，青少年时代尤其容易对某种玩物产生迷恋，等过一段时间他对这个玩物失去兴趣以后，却可能发现，学业已然耽误。老师暂时没收你的东西，不过是帮助你下决心戒掉“玩瘾”，完全没有别的意思。特别是，你把这东西带到课堂，不仅耽误了你，也会影响其他人，老师当然不能袖手旁观。而当你最心爱的东西突然被没收，你自然会产生恨意，但仔细想想，老师的确是为你好，而且为你好到不惜得罪你，而他这又是为什么？有脑子你就回去检讨一下吧！

37. 一迟到就被老师训斥，可有时候确实不能全怪我啊。

季大叔 迟到就是迟到，没什么理由好说的。老师整天听这个理由那个理由就啥也甭干了，早起第一堂课也全都甭上了，都等着各位陈述来晚的理由吧，有时路上塞车这类事情事先也应该有个预判为好。大叔去过许多公司工作，发现有的人总是喜欢迟到那么几分钟，我一看他就是小时候养成的习惯。可一旦说迟到者要罚款，结果迟到的都没了，你说这是不是“犯贱”。

38. 如果多数同学都反感某个老师，能集体起来去罢免他吗？

李大叔 罢免一般是法律名词，好像中国的教育制度还没有赋予学生这个权利。但听说过学生施压赶走老师的事，这要有足够的理由和前提，比如老师实在不胜任教学工作，老师对学生有不道德行为等。而前提是学生的家长要参与并认可，因为他们是你们的监护人。由家长和学生共同出面，把老师种种不胜任的行为反映到校长或者教育主管部门，才有可能达到更换老师的目的。

39. 学校粉刷完教室不到两周就让我们去上课，结果很多同学都有过敏反应。我用电话举报后，校长很震怒，把老师骂了，而且好像已经知道是我举报的了，我担心死了。

李大叔 卢梭说过："良心是腼腆的，它喜欢幽静，世人一吵闹就会使它害怕。"青少年时期这类事情难免会碰到，你想凭良心去做一件你认为正义、正确的事，而事后又担心产生的后果对你不利，你无法承担。这里我又要唠叨一句丘吉尔他老人家的名言了，他说："人有很多各种各样的美德，但在所有的美德中，勇气是最重要的美德。"这件事如果学校"好像"已经知道是你举报的，那我看你就好汉做事好汉当，直接告诉老师就是你干的。因为你认为这是正确的事，你不想让同学和老师在有污染的教室里上课。你也可以到校长那里说，让他不必骂老师，没他什么事，这是你自己干的。你相信我话，校长不会把你怎么样，说不定他回到家，趴被窝里还在佩服你呢。但如果你碰上个没水平的校长，也没什么，因为你已经胜利了，你是同学和老师心中永远的英雄。

40. 我最受不了老师常常拿"扫大街的"说事，动不动就说同学"你现在不好好学习，将来想去扫大街吗？"之类的话，因为我的妈妈就是扫大街的，每次他这样说我都感到是对我的一种伤害。

李大叔 生活中这样说话的人的确不在少数，包括我都这样说过，今天说起来的确很惭愧。这说明，我们的文明还没有照顾到普遍的领域和人群，行业歧视、性别歧视、种族歧视等还存在。在国外，涉及歧视的语言都是很敏感的，比如在美国，称呼黑人应该叫非裔或有色人种，甚至胖子也不能直呼胖子，这就是文明进步。但更为重要的是，他们扫大街的并不比其他劳动者收入和待遇差，而且同样被尊重，这才是从根本上解决问题之道。我估计你的老师是习惯驱使，没有意识到这样说活可能对他人带来伤害。建议你可以直接提醒他，这对他有好处，他应该感谢你，并给你道歉。

41. 老师总是喜欢用带有讽刺挖苦性的语言批评我们，让我们很受伤，也很反感。

李大叔 俗语说，良言一句三冬暖，恶语伤人六月寒。别说老师，任何成年人都不应该用讽刺和挖苦的语调调侃和批评未成年人，因为这很容易伤害到你们脆弱的心灵。成年人如果想卖弄自己的语言艺术，最好避免尖酸刻薄，否则会暴露自己阴暗冷酷的内心世界，弄巧成拙。如果我是你，我可能会在老师讲台上留下这样一个纸条：“老师，我们爱你，尊敬你，请原谅我们有一颗稚嫩的心灵，如果你能不用那些讽刺挖苦的语气和我们说话，我们会更爱你。”

42. 我们学校几个理科老师私自在家里办辅导班，让我们这些没钱去的学生很恐慌，担心被歧视。送孩子去的家长支持老师这样干，没送孩子去的家长就反对，我们被这件事搞的有点心神不定。

李大叔 我看你啊，也没必要心神不定，该吃吃、该喝喝，破事别往心里搁。有些学生确实平时对课程掌握不好，家长一急，小灶学习班一上，自己再冲一冲，也许就能多考个几分，心情也应该可以理解，所以这事真不能一味地怪老师，还是有需求的。至于老师开了赚钱的辅导班，会不会耽误了你们的学习？教给你们的东西缺斤短两或偷工减料？我看也完全不必多虑。你分析一下，没去的人还是占多数的，而且也会有很多学习好的同学没去，老师怎么会为了几个小钱把他更重要的一群学生舍去呢？他的教学成绩应该更多地体现在你们这些没去的人身上，他当然不会放松对你们的教学。他会丢了西瓜拣芝麻吗？当然不会，他是想西瓜芝麻一起捡才是真的。实际上你是鸡窝不知道鸭窝的事，瞎操心。顺便告诉你，美国也有类似的辅导班现象，而且非常贵。

第五章

与同学的关系

1. 我在几个学校读过书，发现几乎哪里都有校园欺凌暴力情况，特别是县城和城镇等小地方，感觉这是对学生的一个重大威胁，大叔你说这有啥招。

季大叔 这是全世界都面临的一个难题。每个未成年人的家庭都千差万别，他们的父母有谦谦君子，有四处打工的农民工，有城市知识分子，有干部，有吸毒者，等等。他们教出来的孩子自然也是千差万别，然从善如登，从恶如崩。比如，你的爸爸刚刚为一点儿事揍了你，你觉得憋气窝火，愤怒地跑出家门。这时候刚好有只小猫在你前面走过，你是蹲下来欣赏一下可爱的小猫，还是为了撒气去踢它一脚呢？很可能你会选择后者。一般来说，愤怒和爱也会有个共同点，就是它们都会转移。这在我上学的时候就普遍存在，很多被欺负过的同学到老都落下阴影甚至仇恨。学校和社会目前所能做的就是尽力阻止校园欺凌事件发生，但最重要的是我们学生自己，遇到这类事件一定要及时报告老师和家长，千万不要闷在肚子里。

2. 我们班里真的有学霸，他们聪明无比，懂的也非常多，门门都考高分，但又似乎并不比别人更勤奋，我非常好奇这是怎么回事，他们真的是超人吗？但问他们，似乎他们也说不出个所以然来。

季大叔 这就是为什么一个好运动员不一定能成为好教练员的原因，学和教当然没得比。经常有同学会误会他们，觉得他们不愿意把好的学习经验和大家分享，其实不是这样的，是他们没有水平完全解释在自己身上发生的事，即所谓当局者迷。但据我观察，学霸们有一些共同特征：（1）家庭氛围比较轻松、民主，父母为人谦和，使孩子身心不压抑；（2）本人好奇心强，对不明白的事情非要搞懂不可，导致学习极为专注；（3）学习讲效率，时间利用合理。也许有人会说他们的智商偏高，我说也可能，但并非多么重要。比如你们有同样的智商，但你的家庭环境糟糕，你就会拿出很大的脑量思考家里发生的事情，而学霸家里风平浪静，他的脑量就都用到了学习上，大家就会觉得他的智商高了。其实在学习中，我们能否做到“博学之、审问之、慎思之、明辨之、笃行之”，才是学习的关键。

3. 为什么有的同学非常抠门，老喜欢占别人的便宜，自己却一毛不拔，而且好像没有改正的迹象。

李大叔 这样的人在小时候没有受到学会分享的教育，却可能一再目睹了父母在外面收获便宜后的喜悦之情。深入了解你就会发现，如果这个家庭里有十位成员，那可能有九个吝啬鬼，可见父母在这个问题上对子女有着强烈的遗传印记。据我的发现，人的性格和观念随着时间的推移会发生极大的改变，但吝啬之人几乎一生都不会改变，他们对别人吝啬，但更多的时候是对自己吝啬，陷入“拜物教情结”。一般来说，这样的人来自贫困家庭的居多，成年后普遍没什么出息。因为他不懂得舍得和分享，当然就交不到什么像样的朋友，成功之路难免非常狭窄，想改造他们几乎是徒劳的。他们虽然不会成为我们的好伙伴，但也普遍安分守己，喜欢贪小便宜但对社会并无大碍。值得注意的是，他们将来最不适合从政，因为这种性格很可能让他们走向贪腐之路，到时候害人害己害社会，相关案例已经很多。

4. 大叔，我很讨厌我现在的学校，因为一点小事，我就被同学们集体孤立了。

李大叔 有几种情况：一种是你的性格极不合群，从所有方面都没有置身于这个群体，表现得很另类，所以大家做什么都不愿意邀请你，这种情况应该是你在自我孤立。如果你觉得不舒服，改变就是了。另一种情况是你的某些行为引起了公愤，比如爱打小报告，或者喜欢张扬、盛气凌人等，都容易引起集体反感。这就需要你引起重视，尽快改正，否则后果很严重。总之，你需要拿出一种和大家和解的姿态。但最糟糕的一种情况是同学们被强势的某人裹挟，形成帮派小团体（少年时代喜欢结党成帮，以显示他们的力量），因为一点过节就孤立你，和你过不去。这说明这里的班风或者校风出了问题，这需要老师和学校出面改变。如果没有改变的希望，我建议你择机另选学校，因为同流合污未必对你有好处，江湖险恶，不行就撤。再说孔子都说了："君子周而不比，小人比而不周。"所以你没有必要裸露在狼群里。

5. 我是女生，老是被很痞的男生性骚扰怎么办？

李大叔 青春期的学生难免会发生这种事，有时让人不胜其烦，严重影响学习，警告往往啥用没有。我的意见是，首先报告老师和双方家长，对其形成强大压力。如遇到严重骚扰，或对方是社会上的小混混，就坚决选择报警，至少让他在警局留下个记录，以加大威慑力。一物降一物，别把女孩子都当豆腐，事到万难须放胆，人处逆境须从容。

6. 同学过生日要送礼物吗？感觉这是件很麻烦的事，不知道怎么把握尺度才好。

李大叔 是麻烦，所以大叔活了半辈子，从不请客过生日，极怕别人为难（也是觉得自己一介草民，让别人来给自己祝寿，实在无法承受）。本来学业就很多了，还来添麻烦。随便给人家买个礼物吧，可能不合适；仔细挑选吧，又没那么多精力；什么都不送吧，显得没教养；个个都送吧，俗气不说，钱也得花不少。礼物太便宜，不是担心人家看不起，而是给人家买个累赘没地方放；礼物贵了自己吃不消，别人也难以承受；直接送钱吧，简直就俗到家了，再说钱也不是自己赚的啊。你说为难不为难！依大叔看，在学生期间，大家都不相互送生日礼物，可以相互挑明说，再不要为这鸡毛蒜皮的事花心思了。

7. 我过生日要请同学吃饭吗？

李大叔 请当然可以，生日礼物的困扰刚才已经说了，建议你悄悄地把你最好的几个朋友约一下，不要说过生日，突然给他们来个"饭袭"，这样就免去了他们买礼物的困扰，以后你也可以不用买礼物就堂而皇之地参加别人的生日聚会了。学习紧张，大家找个由头偶然放松一下也未尝不可。但什么时候都要记住，不要把事情做进俗套，大叔一生最受不了的就是这个俗。

8. 不小心摔坏了别人的手机，人家让我赔钱，我很为难怎么办？

季大叔 大叔小的时候，常看见有同学不小心打烂了公家或者私人的玻璃，而且他们全部选择尽量逃避责任，无一例外。为什么他们会这样，因为他们的家长只会责怪他而不会教会他承担责任。本来处理这类事重要的是承担赔偿责任，而恰恰责怪可以忽略，但我们的教育刚好是本末倒置了。现在你摔坏了人家的手机，赔偿也是必须的，做人应该有起码的担当，家里再穷，都要赔偿人家。被父母臭骂一顿你也要听之任之，谁让你干出了这件蠢事呢。但钱还是要他们出，谁让他们是监护人呢。这里要注意的是，如果父母想教你去狡辩，试图逃避赔偿，你一定要坚持原则，必须赔。

9. 我老是被几个好玩的同学拉去玩，而我也是耳朵软脚硬，被人一拉就走，但耽误了学习后又很懊悔。

季大叔 大叔小时候也是这副德行，一有人叫去玩，也是“漫卷诗书喜欲狂”。自己的定力不足是一方面，更在于也没有一个要强力执行的学习计划。就像一兜墙头草，整天东摇西摆，谁都能把我拉走。耳朵软，脚倒不软，实际上是在牺牲原则迁就同学，极不可取。人搀不走，鬼搀飞奔，我们这就叫缺心眼，而且这心眼缺得扯块云彩都补不齐。建议你立即制订一个学习和生活计划，如果感觉你自己缺乏自觉性，就请家人、老师或班干部监督自己，定然有效。当然，本质上你自己还是要有个大目标，想想如果达成这个目标，你将取得重大成就，并以此作为动力，你就从主观上解决这个问题了。整天到处乱跑，幸福来敲门的时候你都不在家，还哪来的幸福。

10. 同学老是嘲笑我的长相怎么办？

季大叔 这个问题很简单，那就是在他们还没有嘲笑你之前，你就经常拿自己的相貌自嘲，并且善待嘲笑你的同学。过一段时间你就会发现，不但没人再嘲笑你，而且还赢得了很多同学的尊敬，你用大气的心胸征服了他们。当年林肯总统就很丑，他的竞选对手在攻击他是个两面派的时候，他幽默地说：“如果我有两个面孔，我还会要我现在的面孔吗？”记住，如果你和嘲笑你的人对着干，这就会进一步刺激他们的“斗志”，也会引来更多的围观者。丑，既然已经是个事实，那就轻松接受它，也许你会另有斩获。如果采用压制别人嘲笑和议论的方法，你十有八九会失败。我没有说嘲笑别人的人是正确的，应该说他们很没教养。但同学们毕竟是孩子，而不是绅士。

11. 我够倒霉了，同桌有狐臭等体味，几次要求调动座位都被老师否决了。

李大叔 大叔上高中的时候，班里有个狐臭严重的同学，熏得大家晕头胀脑。那个年代，死活没招。现在遇到这类问题，可以请求老师与该同学商谈一下，一般只要每天早起洗澡后擦涂药物，就可以一天没有味道了。当然，最终的解决办法还是应该去医院，尽早手术为上，这也就需要与同学的家长沟通了。按说你也确实有不受异味侵扰的“权利”，但你能否“维权”成功，那很难说，还是让父母和学校沟通一下为好。

12. 我放在教室里的东西老被偷，让我又气又恼又没招。

李大叔 这种现象到处都有，这种待遇也不只是你一个人在享受。你要知道，你同学的家庭背景、性格、层次，可能什么情况都有，而且他们像你一样也是个孩子，对新奇的东西充满了好奇，强烈的诱惑有时会使他们难以自制。解决这个问题的最好办法就是你不要诱惑他们，就是尽力不把新奇、贵重的东西拿到学校去，这样对大家都好。我不是说要惯纵小偷，问题是老师对偷盗者进行敲打用处也不大，小偷毕竟不是西瓜。而在整个班集体里大张旗鼓地抓小偷，又会破坏整个班级的情绪与信任，一般也不会有什么好结果，容易陷入一方证据不足，一方拼死抵赖的窘状。一旦搞错，被冤枉的人要“死给你看”，那事情就热闹了，老师和学校也就摊上大事了。

13. 偶尔有想偷别人东西的冲动，怎样彻底打消这个念头？

李大叔 俗话说，树倒须人扶，人弱要人护；偷吃不会肥，做贼不会富。你有这个想法非常危险，我告诉你为什么吧：（1）同学也好，他人也好，当我们对他们秉持着一份爱心的时候，我们一定会有爱的回报；反之，后果很严重。（2）世界上任何物质都是有价值的，而你的名誉是无价的。有一天，你可能买一个你想偷的东西易如反掌，但你毁掉的声誉可能多少钱都再也买不回来了。所以偷东西要付出的代价过高，完全不值得。（3）俗话说“常在江湖漂，哪能不挨刀”。咱不能只见贼吃肉，不见贼挨打，再厉害的高手都有失手的时候，江洋大盗最终的归宿无非是监狱。（4）大叔活过半百，从没听说哪个人靠偷过上了好日子；相反，小偷的日子往往过得都很惨。网上有句话说“不能自拔的，除了爱情，还有别人地里的萝卜”。听我的话，这份“高危职业”，你玩不了，也不能玩。

14. 做作业、考试，别人老是抄我的，一方面劳动成果随便被转载很不舍，另一方面思路老是被打断。

季大叔 看来大叔小时候的节操比他们好，因为我都是抄纸条，不打扰别人。说实在的，这事你没什么大的损失，而是抄的人损失很大。因为看起来他是在骗老师，其实他是在骗自己，也是糟蹋他父母给他交的学费。所以，下来你要找他单独谈一下，告诉他这样做的确不是个办法，而且很可能把你也拐进去。让他知道，如果不会做这道题，就实事求是说不会，下来努力一下，下次也就会了，至于去抄吗？你再告诉他，我话就说到这里，你自己看着办吧。一般来说，听了这话的人，应该都会有所收敛。

15. 我因病请假而落下了课，就没信心继续学下去了，很是烦恼。

季大叔 所以嘛，不要轻易耽误上课，很多同学都是这样和好成绩说拜拜的。应该说，我们不论什么原因落下了一段时间的课，都是对我们意志的考验。面对这种情况，是咬牙坚持，最终把课补上，还是丧失信心，败下阵来，走向破罐子破摔，你这一个小小的决定，几乎可以影响你的半生。这时你需要得到鼓励和支持，你应该立即和各科老师共同制定出一个缺课补习计划，还要坚持上好目前的课程，这就叫“两手抓，两手都要硬”。同时也要求得家人的力挺，让他们在各个方面配合你，一起度过这个艰难时刻。一周过去，你定会拨云见日，逐渐跟上大家的学习步伐。更难能可贵的是，你会收获到意志的胜利，这对你以后战胜困难，何其重要啊！

16. 同宿舍的人不讲公共卫生和个人卫生，而我们毕竟不是他妈啊，怎么管啊？

季大叔 问题不大，这种“乱室英雄”到处都是。遇到这种情况，你可以多干点，没什么了不起，但你的收获将是巨大的：第一，宿舍的人都会对你尊敬有加，你的人格威信可以迅速蹿升；第二，这样的“名气”很快就会传播出去，接下来全班人都会认为你是一个可敬的、厚道的好人，大家都会喜欢和你交朋友；第三，你磨炼了做人的品质，将来走上社会，你这样的人最受欢迎。至于别人的个人卫生，我觉得他的汗臭味如果还没熏到你，你就只当一切没看见好了。要知道，天没降大任，照样会劳你筋骨的，劳就劳吧，海纳百川，包容涵藏嘛。

17. 怀疑同宿舍的某人偷了我的东西，但确实无法找到证据，非常无奈。

季大叔 俗话说，捉奸捉双，捉贼捉赃。没有证据，99%的怀疑也是没用的，任何时候我们都要秉持“疑罪从无”的原则。因为这个世界，让你意外的事情实在是太多了，无端怀疑也罢，有端怀疑也罢，都是“阴谋论”。你唯一要做的就是领取教训，很贵重的东西不要放在宿舍里，避免诱惑别人。人性里对待诱惑的防线是脆弱的，成年人也好不到哪里去，俗话说“地上有个大钱包，你说哈腰不哈腰？”

18. 经常有同学向我借钱，我应该借钱给别人吗？

季大叔 百元以内可以，如果朋友急用，不借不尽人情。但借的时候要抱着赠送的心情，因为他很可能不还，你一催要，就可能得罪人。许多朋友就是因为借钱后闹崩的，严重的最后成为仇人。所以，借钱是件害人害己的事，这种教训不知道已经有过多少。还有句更悲催的俗语，叫“斗米养恩，担米养仇”，意思是借少了还感谢你，借多了就成了习惯，变成应该的了，一旦不借，或者催债，便成仇人。那为什么会这样呢？一句话，无信仰者少有感恩和敬畏。

19. 我可以向别人借钱吗？

季大叔 我的意见是，不饿死就不要去借钱。现在是在学生时代，又不做生意，干吗张口借钱，临时用也忍一忍，回家拿来钱再说，我们要有“不麻烦别人”的思维。另外，要量车使牛，量女配夫，摸着口袋花钱，不到万不得已，不要动用自己的信用。

20. 怎样把握朋友之间的“义气”呢？

季大叔 说“君子之交淡如水”吧，未免显得有点清高；说为朋友两肋插刀吧，关键时候都是肋骨，还有刀没带。说这带点江湖味的“义气”，我看也是瞎扯。现实版的义气，应该是在同学有困难的时候愿意尽力帮助，而且这种帮助绝对不能损害他人和损害法律，这就是底线，否则都是在帮倒忙。

21. 我身材瘦小，有同学老是欺负我怎么办？

季大叔 你表现软弱，就可能会有人欺负，这和你身材大小基本无关。蝎子虽小，敢欺负的不多；恐龙虽大，早已灭绝。如果大叔让你猛烈地回击对方，你也没那个勇气，这就是性格，我没法赶鸭子上架。你连自己都保护不了，那你难免就是铁匠铺的料——挨打的货。但软弱的人最有可能走两条路，一条是有一天终于被逼到墙角，一气之下狠狠教训了对方，可能双双毁灭；一条是等待上帝援助，“人恶人怕天不怕，人善人欺天不欺”，所谓“憨呼呼，天照顾”是也。希望你是后者。但我身边的瘦小人士，普遍聪明能干，朋友很多，有的还一呼百应，完全弥补了身高的不足。可能他们都了解自己的弱点，懂得瘦小就更应该有才华，不然真是“手里没把米，叫鸡都不来”。

22. 家人经常让我用暴力回击暴力，大叔觉得暴力能解决问题吗？

季大叔 这是我国部分家长从幼儿园开始就给孩子灌输的东西，就是怕孩子在暴力面前吃亏，但暴力最终能解决问题吗？这问题可大了，小孩没娘说来话长。如果我装模作样地告诉你要像耶稣说的一样，别人打你左脸，你就再递上右脸。那你会说我是二百五，因为我都一再宣称不能对暴力妥协了。而如果我说要以暴制暴，这难免背上向青少年宣扬暴力的罪名，这你借我个胆我都断然不敢啊！但好在法律赋予了每个人正当防卫的权利，我想，对要不要以暴制暴，参考这条法律就可以了。

23. 班里有同学老是故意和我抬杠是怎么回事?

季大叔 有句时髦的话说，有人黑就说明已经红了。除了他可能对你有意见，还有可能是因为你在一个群体里说话有水平、有份量，抬杠者就会觉得没必要靠水平出名，驳倒一个有水平的人就是一条捷径。但他又没你水平高，那怎么办，只能抬杠。物竞天择的社会，很多人处处都希望表现得胜人一筹，久而久之难免犯了强迫症。你稍加注意就会发现，抬杠的歪理就是拿偶然性阐释普遍性。如果你说打篮球是很好的运动，他就可能会说，也有篮球架子倒了砸死人的事啊。不过从另一个角度看，有人盯着你抬杠也并非全是坏事，这会让你提高说活的逻辑性和叙述事情的准确性。所以有句话说的好，请尊重你的对手，他们是最早发现你过失的人。而他的抬杠是否在理，其他人自然有能力分辨，你无需次次都脸红脖子粗地去争辩，在这个问题上你应该更表现得绅士一些。

24. 有同学老是喜欢开下流的玩笑，我真的不喜欢听。

季大叔 这种情况在成年人里更多些，我把他解释为是一种性饥渴症。因为我发现了这类人的一个共同特点，那就是不招异性喜欢，但强烈的荷尔蒙又无处释放，加上自己品位不高，所以就只能过过嘴瘾。如果你揭穿了他心里的秘密，他一般会收敛一些。俗话说，玩笑别开过，过了都是祸，应劝其好自为之。

25. 我的同学都有漂亮的高档自行车，但我家里说没钱给我买，我只能骑个普通车，这成了我的一块心病。

季大叔 如果你觉得家里的经济状况实在不允许有这项近乎奢侈的支出，我劝你还是饶了你的父母吧，何必让他们为难。人到了一个年龄段，你就会有一个很喜欢的东西。大叔像你这样大的时候整天吃玉米面窝窝头和红薯（现在想起这这些东西都会做噩梦），所以就超级喜欢白面馒头，觉得我一生能天天吃上它，我就满足了，但一改革开放，我就变卦了。你也很快就会变卦，最后给你买个奔驰可能都满足不了你，这就是社会在发展，人在进步。但期望你所喜欢的东西都得到满足，这很可能不现实，也会增加父母的负担。我还是那句话，今后有本事自己去赚钱，搞它个“五朵金花”，想怎样花就怎样花。至于现在嘛，你绝对不能和其他同学攀比，还是老老实实忍耐吧。

26. 我是男生，同桌的女生老骚扰我怎么办?

李大叔 被女同桌骚扰并非奇事，孔子早就形容过这样的女孩：“近之则不逊，远之则怨”，估计孔子当年也是“不堪其扰”。如果你享受不了这种骚扰，那你就应该对她表现得严厉一些了，否则你的好成绩早晚会葬送在她手里。女孩子一旦有破罐子破摔的思想，那要挽回十分困难，特别是出自一个问题家庭的女孩。你要做的就是好好跟她沟通或把情况反馈给老师。

27. 我是女生，却老是和女同学相处不好是怎么回事?

李大叔 先检查一下自己的原因，看自己是否行事很张扬、事事爱出风头，是否爱搬弄是非、八卦臭嘴等。如果不是这些，那就是你过于优秀，谁和你走在一起都有相形见拙的感觉，特别是你很让异性喜欢，这就更会使女生对你敬而远之，甚至妒火中烧。虽然你无意苦争春，也难免群芳妒。你可以说她们是不自信，或者很小家子气，但是女性就是女性，没法改变。以后你走上社会就好了，一个是自己会处事、成熟老练一些，一个是社会之大，定能找到与你契合的同性朋友。

28. 我是高二男生，很喜欢一个女生，不知道怎样表白。

季大叔 我看算了吧，你还是省省吧。一个是你一旦被拒绝，你就有可能像个挨了一闷棍的丧家犬，灰溜溜滚回窝里光剩大喘气的份了，到时身心备受打击。再者，什么是爱啊，爱是要负责的，而你自己现在都还是个消费者，“狗掀帘子——光凭嘴”怎么行，不整个一骗子吗？而且现在学习正紧张，也确实不是表白的良机。你看咱能不能有点品位，玩点深沉，暂时收藏起这份情愫，和对方先建立起同学间正常的友谊，然后再争取考个好学校，到时不愁抱不到美人归。这时机抓的早不如抓的巧，有时候起大早也会赶晚集。

29. 我是女生，暗恋一个男生，学习老是分心，无法自拔怎么办？

季大叔 暗恋很正常，无法自拔就是你的错了，这又不是你的大槽牙，有什么不能自拔的。你要及时改变一种思维方式，想想这小子凭什么值得我这么爱他啊！在这人生的重要节骨眼上我凭什么为他耽误学习啊！小男孩一天八个变，我能掌握住他吗？谁知道人家以后是谁的老公啊，我替别人操心，我不整个一傻帽吗？再说我自己也不差啊，他八个变，我也女大十八变。以后我上了大学，有学问了，气质还更好了，走上社会了，好男人一抓一大把，哪像鸡窝般大小的中学，两个半人没得挑。我干吗老要在这一棵树上吊死呢？我干吗不给自己多留点机会呢？买颗白菜还要货比三家呢，我干吗不在以后有更大生活范围的时候多做几次比较再挑选呢？将来或许你披你的婚纱，他披他的袈裟，谁知道会怎样呢！这样想，你就战无不胜了。

30. 到了一个新学校，一个朋友也没有，感觉很孤独。

季大叔 改变环境后，青少年有可能产生环境适应障碍，对新的老师、新的同学、新的教学方式等都要重新适应，如果一时“塞车”，就会对新环境产生排斥而耽误学业、引发心理问题。解决这个问题最快的办法是先在某个对你有好感的同学那里取得突破，先交下这个朋友，进而以点带面，融入群体。独学而无友，则孤陋而寡闻。到了新学校，你最好应该感觉很好奇而不是很孤独，有这心态就对了。孤独有时往往是自找的，是你自己不愿意把手伸给别人，而老是被动地等着别人拉你，放不下你的小自尊。古人讲，“德不孤，必有邻”，只要你为人正派，交上几个好朋友那是早晚的事。交人还要交心，如果你自己说话遮遮掩掩，别人对你也只能是谨谨慎慎，最后大家就只能是泛泛之交，关系很铁就永远谈不上了。

31. 上课时老有异性同学回头看我，让我很分心怎么办？

季大叔 大叔上中学的时候也享受过这种“巧笑倩兮，美目盼兮”的优厚待遇，怎奈“东风恶，欢情薄”，无心插柳。没办法，看看就看看吧，反正他也不能做得太过分，没来肢体骚扰就行。再说，喜欢和爱一个人不是错，看一个人也错不到哪里去，我们肚量要放大，谁让我们那么帅、那么漂亮呢？

32. 和同学相比自己啥都不是最优秀的，感觉自己啥也不行，很泄气怎么办？

季大叔 你很有自知之明，这是优点。我早就说了，中学比小学、比托儿所都难混。而今你识尽愁滋味，只能道天凉好个秋了。不过虽然各门课你都不拔尖，但基本能跟上进度，也算不错了。至于没有其他强项让你能在大家面前嘚瑟一把，这点大叔很理解，建议你抽出时间学点琴棋书画，以便增强自信心吧。上帝早就放话了，天生我材必有用，只是没到用你时。所以还望你平时多学习、多积累，别到上帝急用你的时候你却像个软脚虾，武功全废，那就是你的问题了。泄气就不要了，男子汉宁可腹泻都不要泄气。

33. 与好朋友闹了矛盾，现在都不说话了，很别扭，不知道怎么办才好。

季大叔 知道别扭就好，这就应该立即修补破损的关系。好朋友之间不管因为什么问题闹了矛盾，都应该冷静下来，排除情绪化思维，理性沟通。暂时无法沟通，就先压下，过后最好引进其他人一起讨论沟通，看谁对谁错。一旦出现矛盾，应避免出现冷战，找出自己不对的地方真诚地向对方道歉。谁主动，不是软弱，而是强大。能说明谁更大气，谁更有领袖气质，也就能够被更多同学所佩服。千万不要因为要面子使矛盾一直僵化下去，这样会让别人看到双方都是没出息的货色，心胸狭隘，以后谁还敢和你深交！

34. 有的同学特别会说话，讨老师喜欢，我怎么就不会呢？

季大叔 会说话也不是什么坏事，说明他懂得人性的需求，他能讨老师喜欢，这些都并非是坏事。相反，多数时候让我们得到温暖，得到关爱。你之所以不会，一个是你可能还不懂得关心别人，甚至不懂得感恩，所以这样的话你说不出来，这样的事你做不出来。另一个是你也想这样，但你死要面子，放不下身段，所以你只剩酸溜溜吃醋的份了，这与我们大多数人的家教有关，连我当年也是那副德行，现在想想好后悔。没办法，已经不能回去当学生了，当老师又没证，只能当校长了，可惜还没人请。

35. 周围同学都是有钱人家的，而我家穷，难免花钱上大方不起来，的确有点自卑的感觉，很困惑。

季大叔 富人可以大大方方的小气，穷人只能小心翼翼的大方，这都是正常现象。大叔给你讲个故事，有个富豪，他问身边一个穷人，说我有一百万，你是否敬佩我？穷人说，你有一百万，又不给我一分，我干吗敬佩你？富豪说，我给你五十万，这下你敬佩我吗？穷人说，这样我俩都有五十万，一样多，我干吗敬佩你？富豪又说，那我一百万全给你，你敬佩我吗？穷人说，我有了一百万，你啥也没有，我干吗敬佩你？这个故事说明，富人并不能靠钱赢得尊重，而穷人根本没必要在有钱人面前自卑，因为他的钱和你没有一毛钱关系，他是他，你还是你。自卑是自己给自己找了一座大山压在头上，想想就是个傻帽。很多去过欧美的朋友回来说，欧美的乞丐和街头艺人看起都充满了自信，因为他们人格并不低，所以根本没有自卑的理由。

36. 我性格内向，不善言辞，老是很害羞，在班里就没人愿意理我，显得默默无闻。

季大叔 我前面说过，如果不存在恐惧感等严重的心理问题，所谓性格内向并不是什么问题。康德说过：羞怯是大自然的某种秘密，用来抑制放纵的欲望，它顺乎自然的召唤，却永远同善、德行和谐一致。你默默无闻也没什么不好，想必你也是很享受这种默默无闻，否则你早就拼命学习，一飞冲天了。想让人理你也容易，性格开朗些就做到了。人和人的性格差异很大，当然就各有利弊，你享受了默默无闻给你带来的好处，就别再羡慕性格张扬的人出尽风头，鱼和熊掌不能兼得，更甭想油门刹车一起踩。而且低调的性格对你以后走向社会也不是坏事，“哑巴吃饺子——心里有数”就行了。

37. 在大叔眼里什么样的是好学生？

季大叔 爱笑，很诚实，学习够努力，不过有很多爱哭的同学也不错。

38. 在和同学交往中，我很敏感、易怒，他们老说我“脸酸”是怎么回事？

季大叔 “识不足则多虑、威不足则多怒、信不足则多言。”你死要面子，却又没有足够的威信来烘托你的面子，这就是你易怒的重要原因。这种类型的人也不一定都出生在贫困家庭，境况好的家庭也有，但都属儿时心灵遭受过挫伤，使其心胸狭隘，不够豁达，防卫心理过强。心理学上称这种人为“阈值低”，有冲动控制障碍，是病，得治。大叔小时候这类人见得很多，和他们交往那是真麻烦，一句话没说好，他们马上翻脸，动辄得咎，那真是翻脸比翻书还快。你及时认识到这个问题，就赶快纠正，去磨炼自己的性格，修炼涵养。比如，凡事慢一点，多思考，学会自嘲，等等。不过我也就那么一说，想改正我觉得真难。两种情况下会好些：一种是因此遭遇重大挫折，另一种是中年以后会有改善。

39. 我们几个关系很好的同学，都是独生子，想举行一个仪式，结拜为兄弟，大叔觉得好吗？

季大叔 我看这纯粹是没事找事，形式也土得掉渣。我们应该清楚，好朋友之所以能成为好朋友，一般都是三观接近，性格能够相互包容，有朋友缘才玩在一起的，它无需被某种仪式所塑造，而且靠仪式也塑造不了。我的意思就是，如果你们是情投意合的朋友，就没必要搞什么很虚妄的仪式；如果你们觉得你们的关系还没有那么牢固，那搞了仪式也是白扯。应谨记，君子卓尔不群，朋而不党。另外，搞了仪式后又无形中提高了对彼此的要求，而如果有一天你们无法满足彼此的要求，那就更会破坏了彼此的感情。所以，我们干吗给自己套个枷锁呢，为什么不让自己更轻松、更进退自如呢？我觉得，朋友之道，易顺势而为，尽心即可。

40. 我是女孩子，但我更喜欢和男孩子在一起玩，因为我喜欢男孩子的简单和男孩子们的话题，如社会、科技、数码之类，所以身边的好朋友都是男生，但却经常受风言风语的困扰。

季大叔 你想和男孩子在一起玩，就需要先学会男孩子的厚脸皮，对外界的议论不屑一顾。我们都是为自己活呢，干吗要看别人的眼色，还是先满足自己的感受吧。喜欢和男孩子玩的女生很多都个性鲜明，不喜欢随波逐流，而且成年后都会发展得不错。

41. 作为女生，我在和男生独处时很担心对方有性冲动，也有过几次惊险时刻，想知道怎样和男生安全地独处。

季大叔 我这样说吧，如果你是一个漂亮可爱的女生，和男生独处时让男生有性冲动这几乎是难免的事情。如果你不想和这个男生有什么，就要尽力避免与其独处。如果有突发情况发生，就要连哄带骗、连惊带吓地躲开男生的侵犯。你想知道怎样安全地独处，那就要看你对这个男生的判断了，但我对此还是要悲观地告诉你，女孩子在这方面的判断常常出错。

42. 我读高二，喜欢一个女生有半年了，虽然没表白，但那个女生知道。我也想好好学习，但就是放不下她，我什么都知道，就是做不到，大叔说该咋办？

李大叔 都像你这号表现，就别怪成年人反对你们早恋了。你完全可以享受一下不点破的浪漫啊，也不一定就要表白啊。再说，表白以后说不定引来双方的尴尬和不自在，因为你们毕竟还没有到瓜熟蒂落的份儿。记起早年胡适的一首小诗：“也想不相思，可免相思苦；几度细思量，情愿相思苦”。有时候，甜美的爱情隔一张纸，只能看到对方模糊的身影也是一件很美的事情，否则何来“情愿相思苦”。而且，甜蜜的东西是应该使人蓬勃向上、精神焕发的，对学习的促进应该是显而易见的，可你干吗把美好的事物和你的学习任务对立起来呢？脑袋是被驴踢过还是被猪拱过？

43. 我的性格有点自卑，老师为了鼓励我，让我当班干部，但我发现有的同学就是不服管，做什么都不配合我，这倒成了一件让我苦恼的事情了。

李大叔 你让我想起了马斯洛一句很有名的话：“如果你的工具只有一柄铁锤，你就可能认为所有的问题都是铁钉。”我觉得你很可笑，因为我看你的工具正是仅有一把铁锤——管。人家选你做班干部，你以为是选你做警察吗？动不动就想管个谁，这是对班干部的误解。事实上班干部就是为班里同学服务的，而且应该是自愿的。所以，你干吗想管别人，别人又凭什么听你管？当你需要同学们做什么的时候，第一，首先你自己要做到；第二，你不应该是命令而应该是商量和请求；第三，约束每个同学的是班里的纪律，而不是你的威风。你要出面制止的是有人对公众的冒犯而不是对你权威的冒犯，而且更多时候，你的能力体现在你的诚恳使大家愿意配合你做事上。最后，你永远不要指望所有人都支持你，你去看看国外竞选总统的，有50%的支持率都算极高的了。现在队伍不好带，要把这看作是正常的。明白了这些，剩下的一切，就是考验你的智慧了，也许这才是老师想锻炼你的地方吧。

44. 我是一个初三学生，学校按往年的规律，都分了尖子班和普通班。我被分在了普通班，但普通班很多同学都出现了同一个问题：在我们路过尖子班门口时都有一种害怕的感觉，甚至还有一丝的自卑感，这滋味让我不好受。

季大叔 话分几头来说一下。首先，作为一个基础教育事业，学生来学校是来接受教育的，不是来接受羞辱的，所以分班教育这种事，学校应慎重行事。其次，你们知道滋味不好受，这也不全是坏事。俗话说，知耻近于勇嘛，总比没心没肺来的好点嘛。再次，怎么看这件事，依我看，这往往是学校没有办法的办法，不分难免都受影响。问题是，你们在普通班也一样有考上好学校的权利啊！再远点说，走上社会也一样可以有所作为啊！干吗要自卑，谁笑到最后那不是很难说的事吗？

45. 我们班优秀的班长一直对我（高二女生）有好感，也向我表白了，但我真的对他没感觉，也没有早恋的打算，但我要怎样拒绝他呢？这太让我纠结了，很怕他受伤。

季大叔 “关关雎鸠，在河之洲，窈窕淑女，君子好逑”，但若并非“好逑”，只能拒绝。人的一生，要知道拒绝是一门学问，也是一种态度。据心理学家统计，在这类事情上，干脆一点的拒绝往往要比拖泥带水的拒绝来得简单实用，效果最佳。因为拖泥带水很可能使对方误以为还有机会，于是积蓄力量，发起第二次、甚至第N次冲锋。这就使他加大了和你缠斗的成本，就更让他觉得有输不起的感觉，而不愿意放弃你，使事情走向扭曲甚至让双方陷入大麻烦。所以，你需要一次干脆的拒绝，在他情绪尚未沸腾之前就把他彻底浇灭，断了他的念想。

46. 我是女生，想知道一生中什么样的朋友是危险的、也是绝对不能交的。

季大叔 一般来说，男人不是女人的敌人，那就说说你们的同性吧。女人最危险的敌人就是你身边那种嫉妒心超强的人，或者占有欲超强的人，这类女人富裕家庭和穷苦家庭出身的都有，所以不在出身，而在教育。有一点可以肯定，这类女人的父母一般会有一方要么是绝非善类、要么是娇惯女儿，在他们眼里没有什么社会责任，只有儿女的满足。结果女儿长大以后，自然地就认为这个世界上一切都是为了满足她而存在，别人得到任何荣耀和好处，都是可以抢夺或者认为本就应属于她的。她们的眼里没有朋友，只有自我，你的财富、荣誉、男友，都让她眼红，她无法接受身边人比她好，她天天琢磨的就是对你除之而后快。所以，一旦发现身边有这样的女人，一定要远离，尽量对她封锁一切关于你的信息，当然，也尽量不去招惹她。不过她们也很可怜，很多人一生因为摊上了这种性格而难以善终，我们当然不能陪她们玩。

第六章

与社会的关系

1. 我有几千元的压岁钱,应该怎样处置,想听听大叔的意见。

季大叔 每个人的情况不同，我只能说我会怎么办：（1）我会在假期约几个同学去旅行，找个成年人带队，去一个父母不可能带我去、我又特别想去的地方；（2）要么我会拿这笔钱去交个学费，去学习吹萨克斯或者笛子，争取在中学阶段彻底学会这门乐器；（3）要么我会找个魔术师教我几个像样的魔术，作为将来我傍身表演的绝活；（4）要么我会买个简单的单反相机去学摄影；（5）要么会找个游泳班，把四种泳姿一次性学会。

2. 我家生活宽裕，我可以用自己积攒的钱尝试理财吗?

季大叔 完全可以。比如，买点股票（可以先用家人的身份证注册），尝试交易几次；买点短期国债，现在国债的门槛很低；给自己买份寿险；参与一个众筹或者P2P；尝试买一种基金，等等。这些一般都不会影响你的学习，但对你的未来却可以有正面的影响。不过要委托机构理财的话就要小心了，有的理财如理发，越理越少。但最应该注意的是，据研究，越早接触货币的孩子越容易自私，所以，有很多可支配的钱，是不是好事全看你自己了。

3. 我们学校食堂的饭很难吃怎么办?

李大叔 有没有贪污腐败先不说，反正学校食堂的问题说起来都让人痛心疾首。“诗经”上早就说过，“吾校伙房，吾校伙房，不离不弃兮乃蟑螂”。饭之所以难吃主要有几个原因：一是便宜没好货；二是再好的饭菜也怕凉，凉了啥也不好吃了；三是那句话，“就是山珍海味老吃也会烦”。这是没办法的事，您就凑合吃吧！要不你就偶尔到外面的餐馆换换口味，但要注意卫生才好。说到这里我还是要给你诉诉我的苦，大叔小时候若能吃到你们这样的饭应该也算是过年了，那时家里的餐桌上，窝窝头是领衔主演，白菜帮子始终充当男一号，咸菜疙瘩一直是当家花旦，搞的我现在一见到各种美食都有相见恨晚的遗憾。嗨，可你说我现在怎么着？也是不喜欢食堂的饭。

4. 我想知道学生为什么要放寒暑假啊?

李大叔 我想是有这样几个原因：（1）学习是件很紧张的事，而且需要专注，让一个未成年人总是学习而没有假期，那他是无法长期专注的；（2）过去学校解决教室冬天的寒冷和夏天的酷热都是一件很头疼的事，而放假就很好地解决了这个问题；（3）古今中外的学者、教育家都发现，读万卷书和行万里路同样重要，后者有时更重要，而放假的目的，也有让同学走进社会，参与社会实践，多长见识的用意。这也是我一直主张放假就出去走走，减少补课的原因。

5. 我应该给街上的乞丐施舍吗?

李大叔 大叔小的时候也经常遇到乞丐，他们主要是乞讨食物，你若给他个窝头，他就揣到了口袋里，若给他一碗稀粥，他就喝掉，这是真正的乞丐。而现在的乞丐不是这样的，他们只要钱，因为他们并不缺吃的。现在常给乞丐施舍的人中，大中学生倒成了主力，对这种情况，我不敢苟同。媒体经常报道，乞丐多数都是骗子，很多人城里磕头、回家买楼，比我们还富裕。而有的乞丐形成丐帮团伙，为争抢地盘常常大打出手，扰乱社会秩序。最可恶的是，有些丐帮将儿童打成残废，控制他们乞讨。我们有没有想过，这种恶的现象为什么会存在？原因就是它有市场，假设我们都不施舍，乞丐自然会消失。如果他真的有困难，那也应该去求助地方政府和地方社区。在以色列，聪明的犹太人就有这样一条法律：乞讨合法，但给乞讨者施舍是非法的。所以，以色列允许乞丐存在，但却没有乞丐。

6. 我要见义勇为吗?

季大叔 当然要见义勇为，但原则却是要在能力可及的范围内。比如你见到落水的，如果你自己没把握，当然不能下水施救，而是要立即报警和想其他办法。如果遇到抢劫等犯罪行为，你更没必要冲上去和歹徒搏斗，而是应该巧妙周旋，寻机报警，以不伤害到自己为最高原则，我从不主张你去干警察干的活。

7. 我可以和成年人交朋友吗?

季大叔 我在其他章节里已经讲过与成年人交往要注意和避免的危险，这里就不再讲了。总体上，我不主张你们和成年人交朋友：一是因为你们还是被监护人，连法律主体资格都不具备；二是你们应该以学习为主，没有那么多精力用到交友上；三是以往的经验告诉我们，这些成年人的朋友往往也没有给你们带来什么正面的东西，这样的朋友我看不交也罢。

8. 我应该参与哪些有意义的校外活动啊?

季大叔 学校组织的活动，慈善机构组织的活动，这些应该都可以参加，而我在这里要说的是，最好由你的家人带着你，去参加一些更广阔的社会活动，以增长见识，这对一个未成年人来说非常重要。比如，野外摄影活动、工矿企业参观、电视节目录制、拍卖会、音乐会、日用商品展会等，你的父母有时候想不起来带你去看这些东西，所以你需要提醒他们，说你想长见识。

9. 我很想养个宠物狗，可以吗?

季大叔 大叔也是非常喜欢宠物狗的人，每每在街上看到狗狗，我都喜欢驻足欣赏。但我还是始终没有养狗，别人问我为什么，我说是因为我太爱狗了。没错，因为你爱它，你就应该拿出很多精力和时间陪它；

因为你爱它，你就会对它始终如一，一路陪伴它到老到死，永远对它不离不弃；因为你爱它，你就要容忍它搞坏你家中的物品和它身上的味道；因为你爱它，在它生命的十几年里，你每天都要给它准备好食物。这些你都想好了吗？那些只想讨喜的时候玩玩狗狗，它吃饭拉屎的时候就丢给家人的所谓爱宠物的人，我看就免了吧。

10. 我的家人玩麻将老让我凑凑手，我能玩玩麻将吗？

季大叔 大叔一辈子最讨厌的东西就包括这个麻将，我觉得这东西纯粹是在浪费生命，如果用它赌博，那就又罪加一等。玩它的时候往往浪费大量时间，还要经常熬夜，遇到抽烟的人还把空气搞得乌烟瘴气，处处都在毁坏健康。它说起来是娱乐，实际上都憋着劲想赚别人的钱，有时难免遇到纠纷，又破坏了朋友之间的友情。另外我觉得这东西属于傻瓜游戏，基本不需要什么智商，如果不赌钱它就毫无娱乐性可言，一点都不刺激。你注意一下就可以发现，好玩这东西的人都没有什么高雅的品味。所以，劝你还是少沾它。

11. 我应该去做义工吗?

季大叔 完全应该，在国外，是否经常做义工，是大学招生的一个重要条件，社会上也有各种各样的义工组织，义工的服务范围相当广泛，管理也很规范。比如，他们做了一次义工之后，可以从组织者那里拿到一个证明，凭借这个证明，你可以在招生招工等许多事情上获得优惠待遇。所以，以后你去做义工，也要注意拿到这样的凭证为好，应该说，这是你做人品质的最好见证。

12. 大叔，你说猫肉和狗肉可以吃吗?

季大叔 吃猫狗的传统来自于饥荒年代，那时候吃人的都有，吃猫狗自然不在话下。但如果我们现在吃猫狗，我就觉得这是一件严重违背文明的事了。从情谊上讲，猫狗是依附人而生存的动物，它们对人类有极大的信任感，它们也给人类带来很多乐趣，好多狗狗还是人类的重要帮手，如缉毒犬和导盲犬等。我是想，每吃一口它们的肉，都会震颤我们的良心（如果我们还有良心的话）。从卫生的角度讲，猫狗目前还没有列入市场的肉类食品检疫范围，市场上我们吃到的猫狗完全没人为你把关，它们有没有什么病，这些病会不会传染给你，你完全都不知道。你说，这样的肉怎么敢吃？又怎么忍心吃？

13. 看到有老人跌倒我要去救助吗?

季大叔 当然要去，如果这个世界上完全没有爱，那大叔头一个去碰死。特蕾莎修女说过，爱的反面不是仇恨，而是漠不关心。我们没必要被媒体“扶老人被讹”之类的报道吓到。但扶却要讲究方法：第一要迅速报警或者打120；第二，不要去搬动他，而是询问他，是否还有意识，是否有要求；第三，呼叫周围的成年人。除了这三点，一般人特别是未成年人都还很难掌握急救的方法，所以也不要自作主张地使用你那半瓶子醋的方法，小心事与愿违。

14. 家人突发心脏病我应该怎样急救?

季大叔 这个问题我觉得应该列为中学生的必修技能，因为它非常重要。心绞痛是冠心病患者容易发生的急症，多在劳累、情绪激动、饱食、天气寒冷、吸烟过多时发生。发病时心前区呈压迫性或窒息性疼痛，历时5到10分钟。一旦发作应立即停止任何活动，就地安静休息，你要在他的舌下让其含“硝酸甘油”1片或“消心痛”1至2片，在2至5分钟内即能奏效。病人和家人若是会自救，就能更好地保障生命。另外，如果家人中有人确诊为严重心脏病患者，那你最好去学习一些心肺复苏的知识。

15. 我应该怎样劝说朋友不要去干偷盗抢劫等犯罪活动？

季大叔 这种低层次的犯罪者，几乎都是些只见贼吃肉，没见贼挨打的主，锒铛入狱以后往往才知道后悔，暗暗叫苦，方知不值。遇到这种情况，如果你很擅长表白，有时可以制止犯罪。比如，你可以说，干这些风险大、收益小，而且街上小区到处都安装有摄像头，警察破案很容易。再说，去偷盗抢劫现金很难，谁会带很多现金啊！抢东西销赃又难，很容易被警察顺藤摸瓜。一旦被抓，这辈子几乎算是玩完了，岂不是白来地球一回？现在人家在街上卖牛杂、烤烧饼一个月都赚很多。我们就那么蠢，偏要干这些掉脑袋的活吗？谁能断定我们十年后都不能发财？但你现在就进了监狱，就算是十年后有发财的命，都没可能了。你可以说类似这些的话语来劝说朋友，制止他犯罪。

16. 我应该相信属相、星座、风水先生或者算命吗？

季大叔 大叔准备回答你这个问题的时候，正好是马来西亚MH370航班失踪一个多月的时候，全世界撒大把银子进行搜索，光是卫星就动用了20多颗，却一直渺无音信。很多人也想起了平时那些算命大师、风水先生，这不正是到了他们一显身手的时机吗？怎么都装起孙子来了啊？来算算嘛，看看这架飞机到底在哪里，平时不是振振有词、口若悬河吗？不是上知天文，下晓地理吗？不是有阴阳五行、四方八卦吗？不是知道生辰八字、塔罗星座吗？出来走两步啊！看到了吧，啥叫扯淡，算命就叫扯淡。

17. 我的名字人家说不好，我可以去改吗？

季大叔 名字只有喜欢不喜欢，没有任何迷信之说，但我们要承认，那些书生之家的父母取的名字就是文雅大方、非常上口。而那些文化程度不高的父母给儿女取的名字却常常俗不可耐，同名同姓一抓一大把。如果你不喜欢你的名字，我建议你在成年之前尽快改掉，否则上大学、工作以后再改名，那就将给你带来无尽的麻烦，也几乎没有改的可能了。国家对名字的更改有一系列相关规定，你可以去查查。

18. 我唱歌好，想向歌星这条路发展可以吗？

季大叔 可以，但很难，要比当上大学教授难上很多倍。你可能觉得你的歌声一点都不比某歌星差，你周围的人都喜欢听你唱歌，但我要说的是，这些都不重要，也几乎不能给你加什么分。因为这个职业几乎完全被机遇和背景垄断，其成功的可能性要比中彩票的概率小得多。我知道有的人义无反顾、倾家荡产要当歌星，最后也是折戟沉沙、惶惶落败。所以，你要想好，绝不能腰上挂个死耗子就敢装打猎的。

19. 我喜欢写作，想向作家这个方向发展是否可以？

季大叔 很好，和大叔小时候的想法一样，只可惜我是一本书都没写出来。我的经验是（或者说我的教训可能更恰当一点），写作几乎是一种最高的精神享受，是高雅事物中最高雅的东西，最可贵的是写作还是一种创作。但是，我希望你立足业余去写作，永远都不要指望把它变成发财的工具，否则它会影响你对其他工作的专注。有句话说得好，当运动员要越早越好，当作家要越晚越好，因为当作家太需要生活的沉淀和认识的提高了。现在的导演和演员都抱怨没有好剧本，可见好的作家是多么稀少，而且市场巨大，就差有才华的人了。

20. 我应该让家人给我投保人身保险吗?

季大叔 这当然好，应该说，保险是家人之间的一种爱心延续，特别是现在的保险品种很多：有为你上学准备的，有为你结婚准备的，有创业型的，有成长型的。保险购买的年龄越小越划算，许多人还真都意识不到这一点。像某些重大疾病的保险，保费一般并不是很贵，但却可以终身保障身体出现重大疾病时得到赔付。你可能会说，我没那么倒霉吧。我说你错了，你看看每年有多少人得各种重大疾病，轮到谁那还真没准。但我们买了保险，就有了一种保障，也不至于一场病让全家都陷入贫困。

21. 我的自行车老丢怎么办?

季大叔 大叔曾经在两年时间里在广州某大学的院子里丢掉6辆自行车。那天和邻居们聊到此事，结果有一个人说，他已经丢了13辆了。有一次我专门跑到浙江去考察一种车锁，但看了还是失望了。不过我们还是要尽量拖延小偷打开车锁的时间，我听说最难打开的是用铁链子加家用B级防盗锁，而且最好把车锁到一个固定的物体上。当然，如果你那车是好车，那还是锁到有人值守的地点最保险，如果你那地方是个贼窝，我劝你还是买个破车骑吧。

22. 我家人一得病，我爸爸就喜欢去找中医，可我们班别的同学家都不这样。大叔觉得看病找中医好还是找西医好。

季大叔 甭管中医西医，看好了就中。不过以后你可以注意这样一个现象，那就是中医看着看着说你还是去看看西医吧，这八成是问题严重，他搞不定了。如果西医看着看着说你去找中医看看吧，这就估计是顽症或者没救了，把死马交给中医当活马治吧。由此可见中西医的地位，但毕竟他们还有相互的补充。国人也不能动不动就用二元对立思维法，说谁正确，就把另一个骂得体无完肤。由于中医是不能精确量化的学说，因此常常被骗子拿来利用，坏了名声。但彻底否定中医，也属于过激的思维。

23. 学校号召我们给灾区捐款，我不想捐可以吗？

季大叔 我知道有的学校会搞“逼捐”和变相逼捐这一套，让人十分反感。受捐人除了感谢拿到的物质实惠，也希望领受到捐助者的一片心意。但如果捐助者是在不情愿的情况下捐助的，那哪里还能谈这份心意？所以逼捐完全亵渎了捐助的意义，也让慈善成为了负担。因此，捐不捐的权利完全在你自己，你也没必要听别人叽叽歪歪。

24. 我想知道外国中学生怎样看待我们的中学生？

季大叔 我手上刚好有份资料，你看看，前几年的事。北京朝阳区某中学学生20~30人，年龄14~15岁，到德国某中学做交换生，他们给德国学生最初的印象是：（1）中国少年的面色苍白，不活泼，没什么表情，都戴眼镜，就像整天面对电脑那种人；（2）女生都把头发系起来，不化妆，不时尚，是妈妈的乖乖女那种；（3）男生都略胖，没有肌肉，德国女孩子认为他们没有吸引力；（4）他们穿着奇怪，大都不穿牛仔裤和球鞋，但是会穿上体育课时的运动鞋；（5）他们看起来很单调没有活力，很难想象他们除了学习还能否有其他的业余活动。比如，他们大概没参加过中学生社交舞会，或者也没有其他业余爱好。

25. “一命二运三风水”之类的话是否可信？

季大叔 命就是指命运，意思是你生在一个高官家与生在陕北放羊的农民家，命运就会不同。但命虽苦而你的运气好也可以，幸福也挡不住。运气差点也没啥，家乡风水，也就是地理位置好，发点小财也是不愁。你说这些不是事实吗？何来信与不信之说。因为你信不信它都在那里，都要去小心地认真地走好自己的路。

26. 我们家那里是大西南穷乡僻壤，100个人里难有一个考上大学，父母都是贫困农民，做生意务工都没经验。大叔你说我们这些穷N代还有什么出路呢？

季大叔 现在的中国，机会很多，干吗没信心呢？我在广州就看过月薪三千招聘小区清洁工的广告，后来听说都很难招到。我见过有清洁工把住户丢出的垃圾拿去卖每个月都卖了上千元，积累几年，也可以有开个小店的钱，怎能说没出路呢？犹太人有言，人生有三种东西会伤人：苦恼、争吵和空的钱包。所以建议你毕业后，从赚小钱开始，攒鸡毛凑掸子，逐步走出贫困。你还要彻底抛弃所谓“穷N代”的魔咒，否则，你这条咸鱼就算翻了身，还是咸鱼。

27. 我对读书毫无兴趣，初中毕业就已经辍学了，现在我只想怎么赚钱。但真是没门路，做点小生意都失败了，感到做生意的确不是容易的事。现在很茫然，很想知道别人都是怎样走上发财致富路的。

季大叔 你这个问题现在全国人民都很关心，答案自然也是五花八门。说起怎样赚取第一桶金，那可是从祖国的南海诸岛到北方的蒙古包，“各村的地道都有许多的高招”（电影《地道战》台词）。不过就我的所见所闻：先打工，积累了行业经验和客户资源，再出来自己干，是多数成功人士的成功之道。而直接去做老板就相对难了许多，见识和视野都不够开阔，想做大很难。所以，你先选好你想做的事，找相应的公司去打工，或者卧底也好。一段时间下来，情报搞得会比斯诺登还准确，何愁不成功呢！

28. 我没指望能考上大学，想毕业后找个出国务工的事，但不知道怎样才能出国务工。

季大叔 这并非难事，首先，你应该掌握一门技能，比如泥瓦工、厨师、电焊、驾驶等；然后找正规出国劳务机构，但要仔细甄别，小心上当。一般那些有多年出国劳务介绍经验的机构，才可以和他们打交道，对劳务合同也要仔细研究，能咨询一下律师更好。另外，现在中国人在国外开店开公司的也越来越多，他们有的有权利招聘国内劳务，但不一定都通过劳务中介，都喜欢在亲友老乡中找，这需要你利用各种渠道和他们结交才好。

29 我高中毕业后就想出去打工闯世界，大叔觉得我是去北上广深好，还是去二三线城市好?

季大叔 大叔当年选的是广州，因为上世纪90年代二三线城市尚未开放，机会很少。但如果现在让我选，我会选择二三线城市，一是因为它没有一线城市竞争那么激烈，特别是人才竞争，我就可以在这里争取“矬子里拔将军”，坐稳羊群里的骆驼；二是生活成本低廉许多，初期没那么大压力，容易立足；三是地方小，人脉容易结交，也利于长远打算，娶妻生子、生活养老，精神、精力成本会比一线城市省很多。但在行业选择上要知道向服务业发展，因为服务无止境，而产品就很容易饱和。

30. 我网瘾太大，父母准备把我送到网瘾治疗中心去，费用昂贵，一个月要上万元，不知道那里是否真的能把我治好。

季大叔 管他能不能治好，先别让你猝死在电脑前再说，死马当活马医吧。你父母生了你，但不懂得教会你感恩和做人，无法用他们做父母的人格魅力和亲情魅力感召你，他们当然应该付出代价，中国社会没人会同情这类父母的，任何人都要为无知付出代价。至于你嘛，那完全是绑架了父母，如果你发发慈悲，唱一出霸王别“机”，他们就可以少付点赎金。如果你想往死里搞他们，那你以后就再去玩，你心中可以暗暗发狠：哼，生了我算你倒霉，不搞你个倾家荡产、家破人亡，你们不知道马王爷长三只眼。一切都是你们自己家的游戏，至于网瘾治疗中心嘛，当然是要赚钱，而且少不了要赚大钱。至于能不能治好，你最好去问自己。

31. 大叔，人真的是有身价的吗？人和人不是生而平等的吗？

李大叔 生而平等是指在法律面前，身价是指个人拥有的财产。身价这个词并不准确，因为身价高低和爱不爱自己也不完全吻合，有的人身价很高也喜欢作死，有的人没几个钱也非常爱惜自己。但身价这个敏感词汇也常常刺激人们的神经，让人有了贵贱之分，让我们更加了解了马克思的物质决定意识的原理，那就是，你自己没有好的经济基础，就很难有一个像样的上层建筑，最后除了法律面前，在啥面前都和人家不平等了。

32. 大叔，除了基础知识，我们在受教育阶段到底还应该学到哪些东西？

李大叔 我非常欣赏西塞罗（古罗马人物）的一句名言：教育的目的是让学生摆脱现实的奴役，而非适应现实！这话你们听起来可能还觉得抽象，如果我说成是为了创造更美好的生活可能就通俗了。但西塞罗强调和担忧的正是我们都在更多地去适应现实而逐渐失去了改造现实的动力，我们的教育走着走着就不自觉地滑向那里。简单说，我希望你们在这个阶段，学到“独立之精神，自由之思想”，敢于质疑，敢于创新。正如鲁迅所质问的一样：从来都是这样，就对吗？

第七章

学习问题

1. 学习中，最可贵的精神是什么？

季大叔 我认为应该是质疑的精神，所谓“学贵有疑，大疑大进，小疑小进”，因为质疑本身就是一种创造性思维。苏格拉底说：“教育不是灌输，而是点燃火焰。”我们需要在少年人的心中点燃创造的火焰。没有对旧事物的质疑，就不会有新事物的诞生，创造就无从谈起。中学生的质疑精神是可贵的，因为老师和课本也不完全是正确的化身。爱因斯坦就认为：提出一个问题远比解决一个问题更重要。想想一百年来，我们的课本已经更新了无数次，我们老师的知识也在不断地更新，质疑在其中起着重要的推动作用。

2. 死记硬背真的一无是处吗？

季大叔 《水浒传》里有句话说：“欲求生快活，须下死功夫。”如果你说你会唐诗，结果一句都背不下来，这有什么意义呢？如果你这也没记住，那也没记住，我不相信你会写出精彩的文章，而有些东西就是死记硬背出来的。大叔现在50多岁依然可以把《琵琶行》等长诗背下来，并经常在文章中应用其中的句子，就是因为当年我死记硬背。我认为，死记硬背的负面意义在于我们整体的教育制度导致的一种教育思想和模式偏重于它，进而忽略了创新思维。而对于有些具体的东西，死记硬背并非错误的战术。所以说，死记硬背是我们犯的战略错误而非战术错误。

3. 我们应该从语文课里学到什么？

季大叔 不知道别人，反正我看一篇文章，基本能看出作者的品格，写作的手法，词汇的应用，名言的引用，逻辑的虚实；他是洗脑还是辩驳真理，是啰嗦还是干脆，是说教还是引导，是赞美还是拍马屁，是应景作品还是精品佳作。至于想从这里学到什么，就看你自己了。

4. 不擅长写作文怎么办？

季大叔 最主要的原因应该是你的文章里无“我”，就是你自己的所见所闻、所思所想，所以你写出的东西很虚。就像唱歌，我们虽然没有走调，但依然唱得很水。为什么？因为我们没有投入情感。其次是我们阅读少，汉语词汇量积累的就少，无法“持之有故，言之成理”，文章就不会精彩。再次就是文章的逻辑可能不够缜密，“一二三”说完就开始畅谈“七八九”，让人看起来很扯。所以，能让你的文章在“感情、说理、通顺”方面都过得去，方能全篇无“尿点”。至于要达到“笔落惊风雨，诗成泣鬼神”的程度，那是需要天分和阅历的。

5. 大叔怎样看待英语的重要性？

季大叔 我朋友的孩子初中就跑到了美国去念，过了几年我问他情况怎么样，他说，孩子会比在国内轻松，因为至少英语不必下那么多功夫了。没错，英语确实耗费了我国学生的大量精力，是学业负担中最重的一块，但最吊诡的是许多人学了它并没有用上，所以我支持高考对英语分数的调整。但对于那些有志深造，将来考虑自己的饭碗可能和英语有关的人，建议你还是老老实实地把英语学好，调整不调整和你没啥关系。

6. 老是记不住英语单词怎么办？

季大叔 看过几个英语老手写的怎样记单词的文章，基本都是主张在“句子中记单词，文章中记句子”。还有一个是给自己创造英语环境，把你自己的房间布置英语化，物品都贴上英语标签，到处粘着你想记忆的单词，水平再低也要订一份英文报纸，等等。

7. 我应该对奥赛投入很多精力吗?

季大叔 世界著名华人数学家丘成桐说:“‘奥数’培养不出大数学家,他不赞成以‘奥数’的形式培养学生。”河北大学常务副校长孙汉文由于在化学学科上的造诣,曾被河北某中学聘为该校“奥林匹克化学班”的老师。他告诉记者,“奥赛班”的最大问题是教学理念与素质教育背道而驰,参加“奥赛班”的学生很容易偏科,除了自己专注的那门学科,其他领域的基础知识非常薄弱。看看吧,这可都不是我说的。

8. 数学真的在以后的工作中没什么大用吗?

季大叔 我很遗憾地告诉你,你想问我数学的“实用”情况,那确实是这样的。但且慢,我绝不是要贬低数学的作用,如果是在工科学习中和从事技术行业,那数学一样会用得到,特别是高科技职业和高级金融职业。但这些都还不是最重要的,重要的是人类发现,数学可以开启人的思维和想象力,可以锻炼人的思维敏捷度和智慧,数学学得好,可以很好地促进其他课程的学习。

9. 文言文学了有用吗?

季大叔 文言文是中国古代文化的载体,我们今天的汉语也是脱胎于此。即便你不去做古文化的学者,也应该对它有些了解,否则还真没法把你往文化人里归类了。你应该能发现,各类文章、报纸、小说等出版物,都会或多或少提到和引用文言文里的章句。我们怎么能怀疑它的用途呢?另外从思想性上来讲,我们也是要通过学好文言文来体会古人的智慧。如果有人曲意理解这些思想,你就能看破而加以驳斥,否则只能让“孔子很着急,庄子很生气”了。

10. 历史课需要记忆的太多,很难记怎么办?

季大叔 大叔告诉你一个绝好的方法学历史,但你学好了以后一定要请我吃饭哈。你把你课本的内容找一张大纸,做成一个空白表格,这个表格按朝代时间顺序、历史人物、历史事件、历史意义等内容编好,然后印上很多张,你以后就像做填字游戏一样去做它就可以了,什么时候你所有内容都会填了,你的历史就会得高分。

11. 我是女生，对地理课没兴趣怎么办?

季大叔 女生对地理课的兴趣会比男生小很多，所以才使得女人缺少方向感，走哪都习惯于男人带路，久而久之方向功能难免退化了。其实，你对什么课程没兴趣都不会要了你的命，只是可能会影响到你以后的生活质量而已。如果你说我不觉得啊，那也正确，没吃过荔枝的人光靠想象是无法体会它的美味的。尼采就说过：那些听不见音乐的人认为那些跳舞的人疯了。没有地理概念的人几乎无法学好历史，而这两门课都学不好的人，以后连看个电视剧都可能很费劲。本质上说，就是个现代文盲，二十岁出头就可以加入大妈跳广场舞的队伍了。

12. 物理课很难理解怎么办?

季大叔 我以前也这样认为，现在我觉得物理也没什么难理解的。第一，如果你学了一个原理以后，就尽情地在生活中和大自然中找到符合这一原理的现象，找的越多，你的视野就越开阔。第二，你学完一个公式以后，就去理解那几种题型，仔细想想，物理题相对数学题那是简单得多了。第三，带着问题去做物理实验，尽量多做，然后你静静地想一下，这个实验让你懂得了什么。

13. 感觉化学课难记怎么办?

季大叔 我现在还记得我当年的一堂化学课，老师在讲到正二价的“铜、镁、钙、锌、钡”的时候，让我们牢记。“有个姓铜的人长得很美（镁），还盖（钙）了一床新被（锌钡）”，于是，我到今天也没有忘。记忆《化学元素周期表》也有很多技巧，而且这是学习化学的基础，应该掌握。一句话，想记忆什么，就要找到规律。

14. 不会制订学习规划怎么办?

季大叔 你要先问问自己，规划制订完了，关键是想不想执行，没那个决心就别制订了，有那功夫还不如出去遛狗。第一，规划制订得要细，粗线条的规划让你很容易钻空子；第二，要将规划给老师过目，最好有和老师配合制订的规划；第三，请求家长监督，中学生的自觉性不靠谱；第四，每周总结一下规划执行的情况。最担心的是你说起来惊天动地，干起来有气无力。

15. 我老是担心考不上大学怎么办?

季大叔 志不求易，事不避难。担心本身就是一种精力的消耗，一个跳水运动员在走向跳台的时候，心里全是想着我要跳好，我要跳好，结果动作却全忘了。一心不能二用，等你忘记担心以后，就会全力投入了。目前的情况说明你心里没底，却又不能横下心来认真去学，想学的人哪里还有心情去担心。你这心态出了问题，需要尽快调整。另外也感觉你缺乏鼓励，特别是家人和老师的鼓励。切记考大学也如烹小鲜，唯用心而已。

16. 作业太多，写不完怎么办?

季大叔 枪毙肯定不会，挨训恐怕难免。对于那些重复的作业，老师觉得你是“下雨天打孩子——反正闲着也是闲着”，没事就去做吧。但我觉得如果你已经掌握得烂熟，可以选择睡个好觉而不必去做，但应该和老师说明，如果老师不服你就要求他当场考你好了。如果你有自信敢这样做，我是老师的话我会给你“免签证待遇”。喂，我就这么一说啊，老师训斥你了我可不负责!

17. 考外地的大学好还是考本地的大学好?

季大叔 如果是我，我会选择外地大学。现在的世界已经很小，总在一个城市里毕竟视野不开阔，跑到外面上几年学，一方面是体会一下远离父母的滋味，以便锻炼独立生活的能力。另一方面是可以对我们国家从多角度去了解，也还可以结交各地的人脉，为以后的工作打下基础。

18. 花很多钱去考前补习班会有效果吗?

季大叔 或许换个老师和环境，你落后的那门功课就能有些进步，但究竟能有多大的突破，我看最好别抱太大希望。一般来说，学校的老师就是吃这碗饭的专家，他们教你们的东西你只要掌握了，一般高考都可以应对了。

19. 上大专会丢人吗?

季大叔 一个人在求学阶段，根本不能对他下任何定论。因为下定论的时候是在他走上社会以后，他能不能为他的家人做贡献，能不能为社会做贡献，才是衡量他是不是有用之人的标准，很多时候一个博士生未必就比一个中学毕业生贡献大。所以，上大专的人你就能断定他不如本科毕业的有本事吗？既然不能断定，何来丢人之说呢？

20. 专业重要还是学校重要？

季大叔 这个问题经常有人问我，我的回答是：如果你学的是文科，就是学校重要；如果你学的是工科，就是专业重要。

21. 在哪座城市上大学也很重要吗？

季大叔 比较重要。比如，我很厌烦北京人多拥挤，绝对不想在那里发展，而是想在广州发展，那你就最好在广州上学。这样你在工作前就已经了解了当地情况，重要的是也能建立一些人脉。

22. 我应该对音乐课抱什么态度？

季大叔 不懂音乐的人和别人谈高雅，谁信啊！没有音乐我们更多的时候是活着，有了音乐我们更多的时候是生活。西部歌王王洛宾就对音乐有过一句刻骨铭心的阐释，他说："音乐是宗教，爱情是信仰。"中学的音乐课是我们了解音乐的基础，课时不多，所以应倍加珍惜，最少要把五线谱和简谱学会，如果音阶掌握得还不到位也没关系，至少以后需要的时候知道怎样去练习。

23. 我应该对体育课抱什么态度？

季大叔 放松身心，最好能够对自己爱好的体育项目加强一下，比如球类和体操等。要知道，走上社会以后，想要学习这些知识可就不容易了，现在体育老师可以给你不厌其烦地讲，以后想听，对不起，掏钱。我的一个朋友羽毛球打得很好，现在每星期都教几个孩子基础。现在广州很多单位都希望找到有体育特长的人，以活跃单位文体活动的气氛。可见体育在人们生活中越来越重要了，当然最重要的还是体现在"生命在于运动"。

24. 家里让我上普高，我想上职高，分歧严重怎么办？

季大叔 家里人恨不得你去考个博士，但很显然，他们没有你更了解你自己。他们会觉得你的目标不够高，想让你以后做个大公司的白领，不必动手，只需动口，然后他们也跟着风光。他们啥都想了，就是没想你更适合做啥。我觉得你能很清楚地认识自己，给自己找一个最合适的位置，真是难得的聪明，我看好你会有出息的。至于你和家人的分歧，一句话，谁的事，谁做主，自己如果是一堆烂铁，就别老对别人恨铁不成钢。

25. 我不想参加高考，想毕业了就去工作可以吗？

季大叔 没什么奇怪的，现在很多人这样，明知不可为而为之的事做起来也意思不大，徒受打击。但不上大学，不等于放弃对人生修养的培养，你依然可以去看你喜欢的书，学你想学的知识。我们试想一下，你的修养（或者做人）不低于一个大学生，但你又有一门吃饭和生存的技能，那完全可以选择不必上大学，而且这样说不定你活得更滋润呢。每个人的路都是不同的，你觉得是正确的路，就大胆走，别人说啥理他干吗？都啥年代了，有点个性好不好！

26. 想去国外上高中好吗？需要找中介服务吗？

季大叔 有条件就赶紧去，但没条件我也不建议你“创造条件也要上”，也甭把国外都看成人傻钱多。这事你没必要把自己和家人搞的都很累，一切全看家庭条件了。至于中介，你在国外的亲戚如果只能给你生活上的照料，不懂办理你的入学问题，那你也只能找中介。不过，在任何形式出国的人群里，出国后都会惊叹搞出国中介真会骗钱，原来完全可以自己直接找国外的机构办理。但没办法，这一层窗户纸，你就是捅不透。要我说啊，就是你们的外语不过关，看国外网站吃力，才搞得中介可以在那里蹲坑守候，请君入瓮，宰你没商量。

27. 不参加高考，直接报考国外的大学好吗？

季大叔 很多有条件的家庭已经这样做了，反馈回来的信息也都很正面，英语看来也不是问题。老外的教学都很人性化，对每个学生能做到因材施教，非常负责任。关键是出国后要和当地人混成一片，最后总会有所收获。

28. 平时作业都会做，但考试总考不了高分。

季大叔 我分析问题可能出在这里：第一是你没有仔细分析和研究一下每道题的设计初衷是想要你明白什么，这种设计思想能变种出许多题，你不可能都会了；第二是你的效率可能很低，毕竟考试不像做作业，它是有时间限制的，所以需要改变你平时做作业拖拉的习惯；第三是上课要专注，否则老师讲的一个小细节没听到，最后就无法全面掌握某种题型。

29. 上课很容易走神是怎么回事？

季大叔 大叔小时候最喜欢走神，简直是在梦游。一是有什么比较兴奋的事，心情无法平静下来，但郁闷的时候又容易打盹，真是“人逢喜事精神爽，闷上心来瞌睡多” 啊。所以你们以后下课，不要和同学们讨论什么激烈的问题和进行激烈的活动。二是如果看不清楚黑板就赶快配眼镜，这也是个问题。三是不要被窗外的突发事件干扰，学会淡定。四是尽量保持对老师的注视，哪怕对这堂课的内容没兴趣。五是晚上要保持足够的睡眠。

30. 如果我从小就决定不参加高考，以学到真正的知识为唯一目标，然后出国，这样好吗？

季大叔 我认识一个广州某大学附中的同学，他早早就和学校声明他不参加高考，而学校对此也持宽容态度。高中毕业后，他直飞国外，拿了文凭，现在开了一家自己的公司，混得很不错。现在的问题是你所在的学校会理解和容忍你吗？

31. 我做作业时经常在网上搜索语文等科目的答案，为此也经常和父母发生冲突，大叔赞成我这样做吗？

季大叔 父母的意思当然是希望你最好经过自己的思考获得答案，而不是事事寻求所谓标准答案。因为这样就失去了做作业的本意，毕竟到考试的时候你不能带着“度娘”一块儿去吧。我也是建议你最好自己回答这些作业问题，当发现错了以后，再回头找“度娘”，这样会使你对这个问题的印象更深刻。

第八章

打造综合竞争力

1. 体育锻炼对我们的未来有多重要，实用性强吗？

季大叔 我最不解的是中国的父母，在要求孩子学习时可以不遗余力，但在要求孩子体育锻炼时却得过且过，说到底还是品位问题。发育期间的少年，骨骼和肌肉只有在运动中才能得到全面的成长，所以你会看到一个欧美人，即使长的难看，但身材依然健美。等到了成年，那个身材健美的人可以找个很漂亮能干的老婆；而你培养的那个学霸如果身材像个软脚虾，依然毫无魅力可言，人生路上立马先失一局。女孩子在青春期不去锻炼，成年时一定会是个溜溜肩，永远也撑不起衣服，一副发育不良、营养不良的病态。别的女人穿80元一件的衣服看起来大方得体，你买个800元一件的衣服穿起来也是水裆尿裤，腰看起来比肩还宽，还指望嫁个好老公，做梦吧。再说到了一个单位，体育好的活泼好动，球场上英姿飒爽，人见人爱，而你的那位软脚虾卡个小眼镜挤在人堆的角落里却只有给别人鼓掌的份。这就是体育锻炼的重要性，够了吗？别说我言语夸张，这半辈子我见多了。

2. 我应该选择哪项运动去锻炼，把我的身材练得健美一些。

季大叔 大叔的肩很宽，年轻时胸前的肌肉只比专业健身的差那么一点点。这样说当然不是炫耀，是告诉你我的经验。我从小就喜欢练双杠，50多岁了我还可以在双杠上把身体荡悠很高。我不到20岁，穿起衣服来就像是衣服架子了。但是请注意，我在20岁以后，基本就没有再玩过双杠了，而胸肌却永存了。到了40多岁我才发现，原来游泳会把身材练得更美。我一冬天没游泳，夏天第一次去，就会把胸肌一下子增加几分。所以，男孩子应该在12岁左右就经常去做这两项运动。我的经验是，没有比双杠和游泳更能迅速塑造身材的了。而女孩子游泳会更好，如果没有条件，也应该进行其他体育锻炼。

3. 我感觉游泳很难学啊，特别是呼吸。

季大叔 大叔的经验是，学游泳80%是在学习控制心理，那就是你要克服恐惧的心理（其他事又何尝不是这样）。恐惧消除了，你使用我的绝招，包你一天学会。这个绝招就是，你在水里慢慢学憋气，然后你采取弓腰姿势使双脚尝试脱离水底。接下来你在憋气一半时双手轻轻滑动，头也轻轻上浮到水面呼吸一下。记住动作一定要轻盈，否则氧气都被肺部消耗而下沉。反复这样几次，并尝试前划，你就解决了呼吸问题，剩下的手脚泳姿就变得很简单了。但正规教学往往是要从手脚动作开始学习的，结果最后呼吸问题成了阻挡多数人最终学会游泳的最大障碍。这招灵不灵，你自己试试吧。

4. 有机会学学交谊舞好吗?

季大叔 大叔当年也被青春撞了一下腰，成了个舞迷，非常喜欢交谊舞。现在的交谊舞（包括国标），都是来源于欧洲古代流传下来的当地民族舞，在那里的人很小的时候就开始接触跳舞了。跳舞除了锻炼身体，它还能给人以美的享受，因为它往往和最美的音乐相伴。我认为从高中时代开始学习是最好的，你会对它记忆深刻，不容易忘记。跳舞还会逼迫人变得高雅，比如要穿戴得体、身体无异味、言谈彬彬有礼、尊敬女士等，对人好处多多。我要特别告诉你们的是，交谊舞还是恋爱交友神器，假设你在高中阶段学会，那在大学里你就成了老师，就有机会接触众多异性，迅速提高自己的社交能力，为将来事业的发展打下良好的人脉基础。还是那句话，以后要在大学里混，最好先弄个脸熟，才有利于实现你的其他梦想。可不要到时候你“唱歌基本靠吼，跳舞基本靠抖”，别人翩翩起舞，你像个热带雨林的猴子一样连抖带跳。

5. 学学摄影怎么样?

李大叔 摄影是个有品味的爱好，但也是个很辛苦的活。有的人为了等一个镜头的出现在野外住一个月也不稀奇，而能成为专业景物摄影师的人却寥寥无几，摄影作品能在专业杂志上发表的难度更是如上青天。所以，我建议你多学习人物和产品摄影，掌握多种技巧，这样无论将来你是吃这碗饭，还是作为业余爱好，其市场都特别广阔，既满足了自己的爱好，又能赚到钱（别介意，大叔这人伟大理想不多，说到你们的未来就老是提钱）。

6. 经常做点手工艺术品有什么好处?

李大叔 搞剪纸、捏泥人、折纸，这些都是很有情趣的健康爱好，如果你有这方面的天赋，不妨找个专家认真学学，将来不愁没有赚钱的机会。就是作为业余爱好，这些也能给人带来很多乐趣。大叔家吃饭时桌子上就放有废纸盒，非常实用。但最重要的是，这些小爱好，能给我们带来美的享受，陶冶我们的情操，也锻炼了我们的动手能力，让我们知道，只要我们去动手动脑筋，就可以在生活中实现美的愿望。

7. 应该学会一点小魔术吗?

李大叔 魔术会给人带来一种神秘感，能变魔术的人都给人感觉是很有智慧的人。如果你有机会在中学阶段学会几样魔术，那真是不愁你没有展示的机会，在学校里出名那是肯定的了。关键是在你走上社会以后，在单位晚会、庆典上的助兴表演，让人们一下子都会记得你，它可能会成为你在事业上的敲门砖和人脉上的桥梁，异性也会对你有极大的好奇心和好感。这里要提醒你注意变魔术的原则，那就是嘴严、保密，天机不可泄露。

8. 我口才不好是什么原因?

李大叔 这与一个人的性格和成长的环境有关，如果你父母性格开朗，还有些文化的话，你就会有些口才；如果你周围的同伴都擅长侃大山，你也难免会受影响。另外，在你的内心深处，你到底想不想说服别人，或者引起别人的注意?如果非常想，你就会想办法发挥一下自己的口才，这样慢慢就好了。

9. 我要去选择一门业余爱好吗?

季大叔 俗话说“不才明主弃，多病故人疏”，“千金在手，不如一技傍身”。想在这个世界混得滋润点，没两把刷子那是不行的。我们非常有必要掌握一门业余爱好，而且这门爱好，你起码要掌握到你周围的人都不如你才行。有什么用途呢？1.增加你做人的修养和品味，受人尊敬；2.拓展社交圈，聚拢人脉；3.老有所玩，老有所乐。这些业余爱好，构成了一个人的生活品位，说不定有一天把它变成主业也很难说，靠它发了财也不是没有可能，但一切要看你掌握的程度和机遇了。还有这些爱好都需要从小爱起、做起，才效果最佳，若等到剑老无芒、人老无刚之时，说啥都晚了。

10. 旅行真的很重要吗？有多重要?

季大叔 真的很重要，有时比读书还重要，因为旅行的过程就是学习的过程。我们来看看今天中国的众多成功人士和企业，在他们起步创业时的灵感，几乎都是来自国外，因为模仿就是创造的前身。但是，如果他们只坐在家里，不走出国门，他们就什么也没看到，想模仿也要见过真品啊。我们假设一个人想在一个小城市创业，如果他不知道做什么好，那么他来广州旅行一段时间，就几乎可以找到一些灵感。哪怕你是博士，只坐在家里也是没用的。

11. 成年人最喜欢什么样的青年人?

季大叔 走上社会以后，你会发现你的上司或者老板，都是些中老年人居多，而他们最喜欢的年轻人就是谦虚有礼、热情肯干的人。但谦虚有礼是要在学生时代就养成的好习惯，懂得打心眼里尊敬别人，完全出于真诚地以礼待人。这样的年轻人即便本事不大，都非常受欢迎，容易得到提拔，自然也就容易成功。

12. 成年人最讨厌什么样的青年人?

季大叔 那些牛皮哄哄、自以为是、华而不实的年轻人最不让人喜欢。因为中老年人都是有很深阅历的人，他们懂得成功得来不易，做人必须踏踏实实，想学会做事，必先学会做人。而你一个年轻人在他们面前举止轻狂，出言随便，会让他们觉得没有受到尊敬而对你非常反感，接下来的事也就没得谈了。所以，礼貌谦逊，才是你永远的成功的敲门砖。

13. 哪些礼仪我现在就要学会？

季大叔 很多，比如在一些场合要站有站相、坐有坐相，接受服务应该谢谢不离口，在公共场合要懂得不能高声喧哗、爆粗口、乱扔垃圾等，开了门要懂得给后面的人拉一下门，开口问话要请字当头，懂得老人、儿童和女士优先的原则，不为受到一点怠慢就大喊大叫，懂得宽以待人，等等。总之，要有绅士风度和淑女做派，不要把良好的礼仪看成一种负担，应该把它化作一种习惯，而既然是习惯，那就要从小养成。

14. 家里来了客人我应该怎样做？

季大叔 首先应礼貌地和客人打招呼，如果父母忙不过来，你就要主动帮忙沏茶端水；不需要你时，就悄悄回到自己房间；即便赶上在看自己喜欢的电视节目，也要关闭电视；听到大人之间的谈话不打听、不外泄；如果需要和客人一起聊天，就不要乱插话，更不要随便打断客人的话；轮到自己发言也不要滔滔不绝，没个句号；客人离开的时候要懂得说告别语。

15. 到别人家做客我应该怎样做？

季大叔 那就要穿戴得体，从头到脚，干干净净；谈吐要落落大方，文明礼貌。客人邀请你在家吃饭，要询问主人是否需要帮忙做饭，期间能做的都要主动去做，千万别像个活死人一样就等着吃。吃饭的时候要注意吃相，别把菜洒了一路；还要经常拿纸巾擦擦嘴，以防止嘴边沾上了东西还不知道；举止也要瞻前顾后，千万别慌里慌张，抬手碰翻酒杯，回手打洒汤碗，站起来又弄倒了椅子。饭后应该去洗手间漱口，除了要整理仪容，更重要的是要看看别有半片菜叶沾到了牙上还浑然不晓。最后要主动帮助主人收拾桌子，还一定要告诉主人，你吃到了一顿再好吃不过的美餐。

16. 我要适当地学会做饭吗？

季大叔 完全应该，在日本的学校里，中学生都要上家务课，烹饪是其中之一。大叔那代人十几岁的孩子回到家就做饭是件稀松平常的事情，这样既锻炼了他们的动手能力，也能早早体会和理解父母的不易。更重要的是，他们在走上社会以后能迅速适应独立生活，而且这样的能人走到哪里都非常受欢迎。还有，真正的吃货都是会自己动手的主，如果你一生平庸，再不会吃，那你当初真应该把这名额让给别人。某地的俗语都说了："男人何不带饭勺，走遍天涯能煮粥。"

17. 我家不是做生意的，但我也想学做生意，这样好吗？

季大叔 非常好，但很难，因为做生意初期一般都是有人领上道，完全靠自己摸索十分不容易。我认识很多朋友，上学的时候也经常帮助家里打理生意，成年后生意做得很好，很多都身价不菲，正所谓"东风不与周郎便，铜雀春深锁二乔"。你家族里没有做生意的，你就没有地方学习和实践。但做生意也很看天赋和能否吃苦，只要你有这份心，就多留意、多思考，闯出一番天地也完全可能，将来这是个很好的出路。

18. 应该选择什么课外书读比较好？

季大叔 建议在你们这个阶段看书要杂，什么书都翻翻，没坏处。周末可以跑到书店里尽情满足一下自己对各类事物的好奇心。当然，如果你事先怀揣目的去看书更好，胡适先生就把无目的的看书说成是散步而非学习。所以我还是忍不住要推荐你有目的地看几类书：一是自然科学发展史类，这类书越早看越好，尤其对学习理工科的同学来说，看后一下子就对理化等课程兴趣大增。建议喜欢文科的同学多读读游记类和传记类的书，尽情拓展自己的视野。中国的书可以看看那些名著，国外小说估计你们看不下去，如喜欢，可重点先看看俄罗斯和法国的小说。

19. 要磨炼你的宽容心。

季大叔 你们都会发现，那些举止温和、待人宽容的父母、老师、同学，都非常受欢迎；相反，那些对人苛求、斤斤计较、心胸狭隘的人非常让人反感。为什么我们身边这两类人都存在呢？这与一个人的家庭背景和其自身的修养有很大的关系。宽容之心需要磨炼，去容忍别人各种不同的性格和举止，这需要极高的修养和强大的耐心，这样的人我想想都会觉得他们很伟大。而如果我们要学习他们，首先要对人饱含爱心，有了爱心，你对面的人再讨厌，你都会对他容忍三分，人怕三让，鬼怕三敬。再一个要有换位思考之心，这样就非常容易原谅别人。三是要有检讨之心，那就是遇到你不喜欢的人和事，马上想到自己的很多地方别人也许也很讨厌，自己做的也不一定都那么好，这样一想，自己的火气也就消了。

20. 要磨炼你的沉稳。

季大叔 讲个孔子的故事，有一次孔子外出巡游，一伙人遭遇食物危机。一天颜回在树下做饭，孔子发现他把锅铲举到嘴边偷吃，孔子忍住没有发火。过一会儿大家回来开饭，发现树上不停地在掉下虫子等脏物。颜回说，是啊，刚才都跑到了锅里，我把它铲出来吹掉了。孔子听到后很吃惊，心想不是自己沉稳一点，恐怕早把颜回给冤枉了。故事告诉我们，你看到的东西，可能不是事实，这个世界很复杂，我们遇事要冷静、沉稳，仔细观察，小心求证，不要匆忙下结论。尤其是男孩子，处事深沉稳重，才像个可靠的男人。

21. 要磨炼你的耐心。

季大叔 有一次我去朋友家玩，赶上他在擦拭他的摩托车，我就坐下边聊边看他擦。最后我发现，他除了仔细擦拭每一根辐条，还把发动机底下最难擦到的地方一点一点擦干净，擦不到的地方就把零件拆下来擦，最后把整个摩托车擦得油光瓦亮，简直和刚买来的一样。当他把擦好后的摩托车摆放到那里时，我看到了他有非常满足的喜悦和成就感。我当时内心很受触动，心想我做任何事的时候，都不曾有过这样的耐心，我的摩托车也从来没有这样擦过，真是难怪我事事不成功，因为我的耐心还远远不够，我也就享受不到成功的喜悦。做大事，又何尝不像擦拭摩托车一样呢！

22. 要磨炼你的爱心和感恩之心。

季大叔 由于我们中国人不信教，所以在我们的文化里没有那样注重感恩教育，而大家知道，在西方就有一个感恩节。有些时候你要提醒和告诉自己，我身边的人是多么可爱啊！我的妈妈老是把早饭给我做好，她多可爱啊！我的爸爸老是辛苦地为这个家赚钱，他多可爱啊！我的老师们一天到晚为我们操心，有时还会被家长和同学误会，他们多可爱啊！我的同学们，啥性格的都有，每天陪着我在这里学习，他们多可爱啊！还有那些公交车司机、扫地阿姨、食堂大叔，他们都是那么可爱啊！你如果时常这样想，你就会变得可爱、美丽；你就会感到这个世界阳光明媚，让人心情舒畅；你的心理就会非常健康，这就是感恩。懂得感恩的人，就没有什么困难可以把你压垮。

23. 要磨炼你的意志力。

季大叔 大叔现在想想，过去很多事情，都是因为当初自己意志力太差而没有坚持下来。到今天，我明白了一个简单的道理，那就是这个世界上，那些想不经过一番磨炼就能品尝成功喜悦的事情已经完全都不存在了，万事皆靠“熬”出头，“台上十分钟，台下十年功”，谁的意志顽强，谁获得的成功就大。我很清楚现在的中学生压力山大，但你要忍，不屈不挠，一个一个地战胜你面对的敌人。我小时候觉得物理课很难，我根本没信心去学好它，所以每次考试都没超过30分。大概在我38岁那年，出差无聊，从姐姐家拿了本中学物理课本读，我想看看它真的有那么难吗？结果我用三天就读完了一册书，而且全部弄明白了，如果考试，我应该可以考90分以上。那时我就想，小时候真傻，被它吓住了，想想还是自己当初的意志品质太差。

24. 要尽力消除你的虚荣心。

季大叔 虚荣心是上帝创造人类时忘记清理掉的尘埃，所以它几乎孕育在每个人的身上。听过一句名言说，虚荣心很难说是一种恶行，然而一切恶行都围绕虚荣心而生，都不过是满足虚荣心的手段。大叔活了半世，深感虚荣心无时无刻不在祸害着人类这个群体，很多人到老都还没有摆脱它，结果一生一事无成。你如果注意就会发现，赵本山的小品所嘲笑的人，清一色都是爱虚荣的人，可见虚荣就是生活中最大的笑料，虚荣的人也正是被人嘲笑的对象。所以说，你抛弃多少虚荣，就能收获多少成熟；而你成熟得越早，你做事成功的可能性就越大，你的个人魅力也就越强。在消除虚荣心方面，女孩子尤其要多注意。

25. 树立敬畏之心。

李大叔 我们很多人不信神，他们的灵魂就不是放在神的保险柜里由神保存，而是自己放在口袋里，所以就难免有时会“丢了魂”，有时找不到，有时干脆遇到好价钱就卖掉了。这样的人在他的内心深处难存敬畏，神他不信，原罪他不承认，报应轮回他不认可。于是，我们就看到有些有地位的人大肆贪污、为富不仁，没地位的人坑蒙拐骗什么罪恶都敢做，即所谓道德崩塌。所以，我们想一生安宁，首先要有心的安宁，就要养成一种敬畏生命、敬畏天道、敬畏真理、敬畏大自然的敬畏之心，懂得“三尺头上有神灵”，有“人在做，天在看”的强烈意识，即便我们的肉体会腐烂，我们也要保存一个纯净的心灵走完自己的一生。

26. 大叔觉得练书法还有意义吗?

李大叔 汉字不同于拼音文字，它是由象形文字演变而来，所以它骨子里就带有“画”的美感，能写一手漂亮的汉字，此人的品位登时跃然纸上，让人羡煞不已。我有个侄儿，他说就怕和别人签合同，因为自己的字实在是拿不出手，名都签不好。我见过他写的字，那真是比甲骨文还难懂，你说这不影响他的形象吗？所以，学艺术的同学写好汉字那应该是必须的，没得商量。其他同学也应该在每天写字时适当研究一下汉字的笔法，稍稍有点耐心就可以学得不错，这点我深有体会，大叔上中学时写的字也是缺钙，都是后来慢慢练好的。

27. 别人老嫌我话多，说话又快，怎么改啊?

李大叔 俗话说，男人只说三分话，留下七分打天下。越无知，话越多，因为你总以为你发现了真理，所以就急着发言，只是你不明白，你只看到了事物的浮皮潦草。须知水深则流缓，语迟则人贵，君子“讷于言而敏于行”，知识深厚的人反而话少，因为他们很担心随便发声可能说的不对，影响自己的声誉。他们深知这个世界的复杂性，所以不喜欢随便发言。但他们不说则已，一说就会分量很重，往往一锤定音。有个韩国学者调查韩国人对中国的认识，结果来过中国一个星期的韩国人都喜欢说他们已经了解了中国，而来过半年的人就说对中国还需要慢慢了解，而那个来过几年的人干脆说无法回答这个问题，因为中国太复杂了。所以，你想改变自己这个毛病，就去多学点知识吧。

28. 我需要培养冒险精神吗？

李大叔 大叔一向不喜欢一切中规中矩、胆小怕事的人，因为他们可能长寿，但这一生一定不够精彩，而活着就应该活得精彩。有冒险精神不全是那些敢于登上雪山的人才算，也不是那些敢搂着蝎子睡觉的人才算。如果你注意就会发现，中学生活里也有很多需要我们去冒险的事情。比如，学游泳时你敢大胆地下水，做物理实验时你敢大胆做那些看起来危险的实验，面对漂亮的女孩子你敢大胆地上前搭话，干了坏事你敢大胆地向老师承认是你干的，千人晚会上胆敢一展歌喉，等等。这些都带有一定的冒险因素，所以你可以尝试培养这样的精神，这对你未来能够承担大业非常重要。

29. 我的性格过于懒散怎么办？

李大叔 这是我最怕见到的人，因为这样的人精神已经是垮塌了的，几乎就是一堆会呼吸的咸肉，整日无精打采，任何事物都无法激起他的关注和热情。耍正月、闹二月，稀里糊涂过三月；遇事“床上千条计，下床还是老主意”，搞不明白你活着到底想干嘛。但是古人说，天生我材必有用。你要做的就是找出你到底对什么事物有兴趣，以后你就把精力投入到那上面去，并且要可以给你带来财富，最起码也要养活一个家。唱戏凭嗓子，锄地凭膀子，但你不能啥都凭躺着。还要注意，你这样的人最好是把爱好当工作，或者约束自己干一行爱一行，否则你什么也做不好。俗话说，不下高粱本，哪有烧酒喝。

30. 学羽毛球有什么好处？

李大叔 哎呀呀，大叔前几天去打羽毛球摔坏了大腿，这段时间只能在家里当键盘党了。现在各个城市都掀起了羽毛球热，场地也不够用了，我知道广州一些单位，在招大学生时很强调你的特长，尤其以羽毛球高手受追捧。但羽毛球学习训练的时候技巧性很强，中学学习应该正是时候，你只需要找个教练上个十几堂课就可以，剩下的就是你自己的实践了。总之这是一个很好的运动项目，非常值得一学。

31. 初中毕业后想上职业高中，但不知道学点什么专业好。

李大叔 这事的确要慎重选择，要结合你的性格喜好、就业市场前景、未来发展等几方面综合考虑。比如，机械加工行业一直以来都是最好找工作的行当，工资也不低，但这类工作往往整天就和一台机器打交道，思想又不能分神，干起来十分枯燥乏味，所以你要考虑你是不是那种有耐心的人；厨师行业工资高，也容易转为自己做老板，但这行整天烟熏火燎、一站一天，你能不能吃得了这份苦，等等。总之，我要提醒你的是，我目前还没有发现哪份工作能轻松把钱赚下来，有你也来告诉我一声。所以，先要有吃苦的准备。

32. 我想搞点小收藏，可以吗?

李大叔 我小时候有个朋友，喜欢积攒邮票，每次到邮局都会买回成版成套的邮票，那时候我们都不觉得这爱好有什么，但我现在想想，估计那小子的邮票怎么着都该价值几百万了。不论收藏什么，都是越早越好，因为等到你年龄大了以后，收藏品一定会随着社会发展而水涨船高，甚至高的不是一点。马未都做知青的时候就用白菜价收集古董，后来价值以亿计。更重要的是收藏非常有乐趣，淘到一个你喜欢的东西，那别提心情多么舒畅了；心情不好的时候翻翻自己的收藏品，心情会好很多。搞收藏陶冶情趣，增加品位，和人家吹牛的时候也是一方专家，还可能是你最后的保险——万一以后急需钱，收藏就会变成钱。

33. 我未来想做生意，现在要做啥准备?

李大叔 这个问题问得好，我们应该在少年时代就对做生意有个初步认识，成年后才敢大胆涉足生意场。过去管做生意也叫做买卖，既然是做买卖，那你不是在买，就是要在卖上具备优势才能成功。比如，你的进货渠道好，进来的货比别人便宜；或者你进的货不便宜，干脆没优势，但你的客户优质，你依然可以赚钱。生意经太多了，活到老学到老，但有一条生意经我不妨早早让你先知道：做生意要做到“人无我有，人有我优，人优我廉，人廉我转”。

34. 我到了广东上学，不懂粤语，大叔说我还有必要学习粤语吗？

季大叔 以大叔来广州近20年的经验看，完全有必要学会粤语。粤语虽然是方言，但它属于强势方言，在大陆、香港、澳门和海外，据说有近亿人讲粤语，他们中的优秀人物比比皆是，能用粤语和他们交谈，那当然就很快拉近了和他们的距离，对你以后工作、生活、交友、做生意都会大有益处。我在悉尼去华人开的酒店喝早茶，结果就碰到很多讲粤语的人。粤语也不必专门去学，在生活中多听多看粤语广播电视，接触当地人，尽量让自己开口说，很快就可以学会，其实有40%的粤语发声是接近普通话的。

35. 大叔，我测过，我的智商确实偏低，我以后还能有出息吗？

季大叔 生活不是每天要考我们微积分，你要那么高的智商干啥？现在人们都在讨论的是为什么那么多聪明人没有赚到钱，生活的并不好。可见智商高低和赚钱能力并不完全平行，也和生活是否幸福不能完全划等号。依我看，重要的是一个人要会做人，这比什么都重要。你智商低，或者说人傻点，但你会做人，懂得尊重人，好啊，那我和你合作我最放心，而那些智商高的我可能怕和他合作。那都喜欢和你合作，你还怕不成功吗？

36. 想看些课外书，又担心挤占了学习时间怎么办？

季大叔 既然是课外书，当然就要在课外看，比如放假时、旅途中、马桶上以及生活中的“边角”时间。比如，你在等车等人的时候，根本不适合看课本学习，而非常适合看课外书，所以时间要你自己找出来。大叔在广州坐了5年地铁，在上面看完了上千张报纸，十几本书，现在还在继续。

37. 我看见朋友的纹身很漂亮，也想纹身，这样好吗？

季大叔 这基本是属于找死，纹过身的很多人后来都在想办法去掉纹身，肠子都悔青了。目前几乎所有的服务行业全部拒绝有明显纹身者应聘，国家公务员和事业单位你更别想，自己做生意吧，很多人见了你的纹身都不会认为你是个认真严肃的商人，不愿意和你做生意，估计只能去应聘黑社会打手了。最糟糕的是，很多丈母娘拒绝纹身的女婿，所以，以后连找老婆恐怕都是问题了。一句话，中国文化脱离丛林的原始部落文化已久，不接受纹身了，你不要啥庙都拿着香跟着拜。当然如果你实在忍不住要纹一个，那就建议你在屁股上纹，一边纹一个屎壳郎。

38. 我需要写日记吗？

季大叔 写日记是个非常好的习惯，一般能坚持写日记的人都是极有教养和品位的人，很罕见。日记能提醒你很多事，它也能让你记起一个遗忘很久的人和事，让你的生活都很有秩序和条理。如果你将来成了名人就更好了，把日记稍事修改就能当回忆录卖了。但问题是写日记也有个弊端，就是被偷看以后会惹来麻烦。过去政治斗争激烈，很多人栽在日记上。还有就是日记的最大特点就是写真话，但以后被你的女人看到会对里面的情感内容耿耿于怀，一有风吹草动就容易和你唧唧歪歪的。所以，日记毕竟是你内心世界的“移动硬盘”，怎样藏好它是个问题。

39. 我应该怎样规划一下我的人生？

季大叔 建议你粗线条地规划你的人生，细致地规划你的眼前。比如人生，我要规划的是将来我要做一个什么类型的职业，是经商，还是考公务员，还是出国，还是当老师，等等。有了这样一个规划以后，你就有了目标，就可以细致地规划你的现在了，而且这个细致的规划就是为你的人生规划服务的。我觉得，人生的确在中学时代就应该有个初步规划了。据说97%不成功的人都有一个共同特点，就是从来没有个人生规划。

40. 我喜欢表演，尝试拍微电影好吗？

季大叔 现在最一般的拍微电影的设备也要十几万，所以除非你是富二代。但不管怎样，我建议你先找几个志同道合的同学，把剧本写出来，然后就尝试排练，先用普通录像机录出来看看效果，之后再说。如果有人给你投资，可以尝试用好机器拍出来放到网上，能获得好评，就可能找到生意，说不定以后就是你的发展之路。

41. 学习戏曲好吗？

季大叔 能把戏曲学好的基本都是世家出身，旁人也会有机会，但不多。戏曲是很高雅的艺术，非常讲究功底扎实，没点决心的人根本吃不了那份苦，这和普通票友完全是两码事。再一个就是现在戏曲的传承面临危机，年轻人爱好的不多，基本已经变成小众文化，所以，如果计划以后凭它吃饭，还是要三思而行。

42. 我可以去尝试挣点外快花吗？

季大叔 有本书叫《特别狠心特别爱》，讲的是华人妈妈在以色列培养孩子从做外卖开始走向成功的故事。少年时代开始做点小生意，好处非常多：一是你可以理解父母的艰辛，生活的不易；二是想做生意想赚钱，必须学会做人，待人接物要有礼貌；三是磨炼了生意头脑，对以后的事业有帮助；四是磨灭了虚荣和面子，懂得事事讲求实际；五是体验到花自己赚的钱的爽快。但自己去赚外快，一定要和家人商量好。

43. 我喜欢家乡的美丽草原，但家人认为我读书就是要离开这里，将来去城市奋斗，难道我一定要这样吗？

季大叔 人人都有自己的人生规划，但如果我是你，我毕业后一定会回到草原。本来大城市就不缺你这样的南漂北漂，辛辛苦苦的你又何必去蹚那个浑水呢！在草原上，你就是个难得一见的大学生，可以用科学知识放牧，可以在草原上放声歌唱，可以大口吃肉大口喝奶，可以找个漂亮女孩一起骑马奔驰在辽阔的草原上，可以远离雾霾和喧嚣……快别说了，我现在就想去了。

44. 我母亲是朝鲜族人，我本来会一些简单的朝鲜语，大叔觉得需要认真和她学习朝鲜语吗？

季大叔 你根正苗红，有这么好的条件当然要学，韩国目前已经是中国最大的贸易伙伴之一，将来朝鲜也必定走向改革开放，所以朝鲜语的地位会越来越重要，就是等你以后有机会到韩国留学这也是个优势。至于以后找工作、做贸易，那更是比其他人容易了思密达。

45. 我是湘西土家族人，我想收集我们这里的民歌，怎么样？

季大叔 这是再好不过的事情了，一个是可以弘扬民族文化，一个是可以给自己带来知识和荣誉。如果可能，你可以学习一些声乐知识和作曲知识，当个作曲家。许多作曲家都是靠采集民歌改编而成功的，比如王洛宾、雷振邦等。退一步说，就是你以后没有走上声乐的道路，这也不会耽误你什么啊！但却会使你的人生有个质的飞跃。

46. 我觉得我对棋类有些天赋，大叔觉得中国象棋、国际象棋、围棋三种棋类我应该学哪种好？

季大叔 应该是中国象棋好一些。理由是，中国象棋给你展示身手的机会要多，获得奖励和晋升的机会也就多。原因很简单，懂中国象棋的人要远远多于另外两种棋，市场大，各种比赛也是名目繁多，赞助商也自然就多。如果你下的更专业以后，你甚至可以进专业队。另外两种棋和它相比，有些叫好不叫座。

47. 我最大的问题是学啥都几天的热度，父母也很无奈。

季大叔 几乎99%的人都有这个毛病（包括我），所以成就了1%的高手，各行各业好像都有这个现象。但是好多技能，如果你并不准备拿它去吃饭，那建议你能达到半专业，比身边群体里的人都好，我认为就很不错了。至于那种把琴买来弹三天的人，那是因为琴还不是他的挚爱，但问题是啥是他的挚爱呢？天知道。很多人一生乏味，啥爱好也没有，就像洪水里的泥沙，从来到走都没冒过一个泡。所以说，世界是庸人的天下，英雄的舞台。

48. 少年可以学瑜伽吗？

季大叔 瑜伽热可以说正席卷全球，美国就有两千多万人经常练瑜伽，占美国人口的8.6%。我认识一些有钱人，为练瑜伽不惜花钱搭功，瑜伽教练也顺势大把捞钱。少年学瑜伽，身体柔软，比成年人入手快，同时又可以磨炼性格、促进思考，值得提倡。身心两修，正是瑜伽的魅力所在，它未来在中国还会有巨大的发展空间。

49. 学习点组织聚会的知识和实践能力。

季大叔 好像我们整个社会都在寻找这样的人，朋友间需要聚一聚、老同学需要聚一聚、同事们需要聚一聚，产品发布也是一种聚会、培训讲课也是一种聚会，等等。那么我们就需要擅长组织聚会的人才，他们应该是情商高超的人，擅长协调的人，会制造气氛和话题的人，有艺术审美并兼具动手能力的人。总之。他们应该是有魅力的人。

50. 家里有条件的可以学习做蛋糕、点心等。

季大叔 互联网的兴起给做小生意的人带来了巨大的生意,所谓互联网 +，加啥就是你的问题了。我一个做报社编辑的朋友的老婆，嫌上班车上拥挤，就自己在家做起了蛋糕，结果在朋友圈里立即火了。怎么办?加设备租房子，扩大产能，结果订单还是排了老远，收入当然可观。南方人喜欢甜食，所以你有机会可以在家和父母学习一下糕点制作，是件很好的事。

51. 学习脚踏独轮车和简单杂技。

季大叔 过去有人写文章号召中学生学骑杂技用的那种独轮车，说可以锻炼平衡技巧，活跃大脑思维，成本又低，我觉得言之有理。如果我还年轻我会试试，应该很好玩，在群体活动中，应该能一鸣惊人，讨好个把小女孩还是有可能的。

52. 学会利他主义思维观念。

季大叔 虽然说人性有严重自私的一面，但是若想为自己好，却又要通过有利于别人的道路才能实现，这正是随着文明的进步人类获得的巨大发现，就是利他主义思维。很多人觉得商人就是无奸不商，但恰恰是商人需要处处为客户着想的利他主义，才能最后把钱赚到自己的口袋里。生活中的自私自利之徒却往往成了不折不扣的失败者。所以，与人为善，“己所不欲，勿施于人”，应该是我们从小就学会坚守的信条。

53. 学会拒绝别人，放弃无用的社交。

季大叔 通讯和交通条件的改善，使人们的社交生活变得丰富多彩了，但很多社交活动不是商业色彩太浓厚，就是平平淡淡，让你毫无收获。中学生更是要择良而交，让你的朋友可以为你的学业进步起到作用，可以开阔你的眼界等。我们没有必要委屈自己去做自己不喜欢的事，对那些无聊的活动、无聊的人和事应敢于大胆说不，绝不扭扭捏捏地去装大尾巴狼。当然，我们自己首先也应该是一个对别人有益的人才好。

54. 应该适当掌握一些性知识。

季大叔 把性看成是本能的人你千万别和别人谈性，免得把人家大牙笑掉二牙活动。现代人应该对性健康、性心理、性技巧有适当深入的认识才好，应该知道性不仅是传宗接代和发泄，而是人类的最高娱乐、最顶级享受。所以，它需要作为一门学科认真学习和掌握。一个中学生掌握了性知识，更是这个国家和你家人的福气，将会减少多少不必要的危险和麻烦啊！哪个人敢说他不希望他的孩子明白性知识？除非他不爱他的孩子。今天（2015年11月30日）有报道说，湖南大学生艾滋病患者8年上升了37倍，你说，性知识何等重要。

55. 培养自己爱动手的习惯。

季大叔 我小的时候，是家里最小的，结果谁都有家里大门的钥匙，唯独我没有，这使我经常放学后进不了家门。我不服，有一天我用一根钢锯条，三下五除二就用锉刀做了一把钥匙，从此就可以开门了，我现在还记得我父亲当时惊讶的眼神。那年我11岁，两年后，我又动手做了一把椅子，没用钉子，开卯眼那种。直到今天，我家里需要什么，我都尽量自己动手，让家人尽享方便。我觉得，喜欢亲自动手的男人，更不惧各种困难，更自信，更不喜欢抱怨，更受人欢迎，更受女孩子青睐。

56. 培养自己不挑食的习惯，特别是能吃点辣。

季大叔 早年我和几个朋友到西安旅行，结果其中一个朋友不吃牛羊肉、不吃葱花、不吃辣椒、不吃剩饭等，我们一起吃饭时他要另找地方吃饭。当时我就决定，这是我和此人最后一次结伴出游。中国是个饮食大国，各地食物都不乏精彩美味，干吗要挑挑拣拣，这不吃、那不吃，让人觉得你好麻烦、难伺候。甚至能吃到一起，对婚姻的美满稳定都很重要。假设你是一个不吃辣椒的人，在中国的很多省份，你恐怕都是一个不受欢迎的伴侣。

57. 我怎样才能在大会上作精彩的演讲啊?

李大叔 首先你要有一个时间概念，看你需要演讲多长时间。接下来你要搞个提纲，搭起文章的骨架，就是你要阐明的几个问题。然后你需要用逻辑推理出你观点的正确和必要。再在润色上下功夫：你需要用一个什么笑话先引爆大家的笑点和对你的兴趣，最好你的笑话有自嘲的性质；在证明你的观点时，你最好能说出有哲理的话，或者引用哲人的话；在最高潮时你要亮明你的核心论据；在结尾的时候，你最好能抛出一句最能打动在场听众的话，带有煽动和激情的色彩或者幽默地结束，视会议的内容和性质而定。最后，不是报告形式的演讲，我都主张脱稿演讲，最多有个提示条，眼睛更多地看着听众，既不能没有思想地东扯葫芦西扯瓢，更不能像官员讲话的样子全是假大空。

58. 学学中英文配音。

李大叔 现在看越来越多的英文或者其他国家的电影电视，没有配音，只能看字幕。这对老年人或者有看字幕障碍的人来说是个麻烦，相信其他国家看中文节目也会有同样的感受。我觉得这是一个巨大的市场，如果你把一些英文好节目配成汉语，把中文好节目配成英语，既是一件有趣、有成就感的事，也完全可能给你带来财富。

第九章

安全与自救

1. 避免被性侵。

季大叔 我可不光是在提醒女孩子，也包括男孩子。这里特别要提醒那些红萝卜的胳膊、白萝卜的腿的小鲜肉，模样俊美的少男少女，你们被那些成年变态狂盯上的概率比常人要多出几倍，所以你们要格外警惕。生活中发现有异样眼神看你的成年人和有异样动作的成年人，你要特别留意他并保持距离，对他们的热情和关心要保持清醒头脑，尽量不给和他们单独相处的机会。切记！

2. 避免被绑架劫持。

季大叔 如果你的父母欠别人许多债务无法偿还，追债的几次三番找上门来，你就要注意了；如果你的家庭在当地很富有，而周围的人生活贫困或者很差，形成了强烈的反差，这时候你也要注意了（这也是在国外为什么要区分贫民区和富人区的原因）；当你的家庭很富有，而你的身边有赌徒和吸毒者，那你要对他们保持高度警惕，切记，是高度警惕；当你听到人家说你父母出事了，让你到哪里去见他们，你要核实清楚；如果你常走的路段有偏僻之处，你也要格外留意了，我说过，在你的电话本里，要有一个警察的电话，并把他名字标注为“爸爸”。

3. 避免遭遇交通事故。

季大叔 你应该像一个绅士和淑女一样优雅地站在路边等待红绿灯，绝不能像一个慌里慌张的急猴儿；你绝不要在大雾大雪天乘汽车出远门，绝不，因为没有任何事情值得你这样做；你绝不要选择那些要走整夜高速公路的卧铺车；你不要和一伙没文化的人去挤超载车，那不应该是你的风格；你最不应该骑个什么车在机动车道上发扬你视死如归的勇气，那样看起来你更像个傻子；如果你两耳扣个耳机、低头看着手机走在马路上，那你干脆就是个二傻子了。什么？什么？想开汽车玩玩？你就歇歇吧，不到成年，这事你想都别想。

4. 避免火灾。

季大叔 首先你自己就不要制造出火灾，出门都要检查炉灶上的火是否已熄灭，那些需要用电加热的东西是否都已断电；老旧的电器、电线、电闸要提醒家人及时更换；如果你鬼鬼祟祟地吸烟，就更要多个警惕了，知道一根烟曾经烧掉了中国的大兴安岭吗？等等这些许多要注意的事情。其次，你就要防止火灾上身了。你应该懂得灭火器的使用方法，要在你经常来往和学习的地方留意火灾通道，留意火灾隐患。在你去夜店或者娱乐场所的时候，更要格外留意逃生通道，对那些鞭炮和烟火表演，大叔建议你离得越远越好。

5. 避免溺水。

季大叔 我一再强调你要学会游泳，否则的话你就不要试图跑到任何农村的河沟里一试身手，大江大河你更是要“隔岸观火”。特别要注意的是，乘坐任何渡船、游船，如果人家要求你穿上救生衣你不要拒绝。

6. 避免毒品上身。

季大叔 这是个非常要命的问题，初次吸毒的人几乎都是来自于“朋友”和自己的好奇。所以你要远离有这类嗜好的人，他们今天免费给你吸，就是为了以后收费；或者他们欺骗你，说只是一支普通的烟，实际里面装了毒品。你去夜店消费时，尤其要留意这类陷阱。人的一生要犯很多错误，但错了可以改，损失可以挽回，而只有吸毒，几乎是无法逆转的错误。一般情况是从你吸第一口开始，你这个人基本就废了，可以说你已经没有什么未来了。

7. 避免参与斗殴。

季大叔 首先就不要和那些好勇斗狠，喜欢滋事的人在一起，自己更不要喜欢无事生非，表现招摇。出门在外遇上争执，最好是不要太较真，得过且过，哪怕你很正确也罢。有朋友约你去帮他“摆平”什么事，你可要注意了，别逞能，你还不是武松，哥们儿义气基本都是扯淡的，你们还没资格讲。把你打残废了，下辈子只有你老妈伺候你了，哥们儿早溜了，还没听说哪个哥们伺候另一个哥们一辈子的事。特别要强调的是，如果有人对你身边的女朋友有调戏行为，你也不要激动，感觉对方人多势众，走还是最上上策。如果我们真的碰上了必须一战的战斗，比如需要正当防卫的情况，我们也绝不打无准备之仗，要做到敢于亮剑，但战之须必胜。

8. 避免触电。

季大叔 家里的电线、电灯、电器等出了问题，你最好少装能，老老实实找电工来修；你更不能自己乱接乱搭电线，这方面电死的例子已经不少了，大叔都没少见；你尤其要留意那些建筑工地的临时建筑，对伸出来的电线要提高警惕。你也要注意，有人无端跌倒，要想到他是不是触电了，如果是触电，你当然不能贸然上前施救，首先要关闭电闸或找到绝缘棍棒挪开电线；如果人是倒在水里，那就一定要去关闭电闸或者叫人施救。另外也要经常提醒家人，及时更换已经老化的电器产品和电线等。总之，多学点安全用电的知识没坏处，也占不了你多少时间。

9. 避免食物中毒。

季大叔 广州的媒体几乎每年都有报道南方人不懂北方四季豆的吃法，造成食物中毒，而四季豆是要炖得烂熟才可以吃的；还有毒蘑菇，也是要人命的东西。农村孩子要注意家里的农药和毒鼠药不要放在厨房里，以免误用；那些放久了的肉类蔬菜最好别吃；出门在外，发现饭馆端上来的菜有异味或颜色不对劲，也最好别吃。

10. 避免厨房伤害。

季大叔 我小时候，看见一个来上课的同学变成了满脸花，一问，原来是炒菜时油锅进了水崩的。所以说厨房出事很常见，成年人切菜切了手也是常事。我这里要强调的是，当你的油锅忽然着火了怎么办，这时你不用慌，立即关掉火，或者把油锅端离炉子，立即盖上锅盖，切记绝不能泼水。另外，刀子的摆放要经常让刀背冲着你，特别是在揉面的时候，更要小心刀子不要被不小心碰到地下。

11. 避免与劫匪和小偷对抗。

季大叔 不论在哪里碰到劫匪或者小偷，立即报警都是第一选择，作为一个未成年人，你不应该去和他们搏斗，因为这是警察的活，你没必要越俎代庖。他们之所以去做劫匪和小偷，大抵也是自认烂命一条了，你和这些垃圾人去拼命当然不值得，他们要什么先拿去好了，回头警察会给你送回来，送不回来你又损失了什么呢?

12. 避免与街头混混接触。

季大叔 什么时代都少不了街头小混混，整天吊儿郎当、惹是生非，你见了他们最好绕着走，更不能和他们有什么交往，否则凶多吉少，可别指望他们能给你带来福气。如果你想依仗他们给你提供人身保护或者替你报仇出气，那你更是个大傻帽，到时你付出的代价一定比被打劫的还多。这事大叔见得多了，你听我的没错。

13. 避免与不良异性接触。

季大叔 天黑路滑，人心复杂，不管男生女生，对你身边口碑不良的异性最好是敬而远之，对他们抱有任何好奇心都是极大的错误。很多男生犯贱，觉得这样的异性好接近、好玩、开放，殊不知啥时候就被她引到了阴沟里，悔之晚矣；有些女孩子也是口味重，你越说某个男孩子差劲，她越往上靠，好像就他有魅力，最终的收获往往是倒霉半辈子。大叔在少年时代见过很多这样的情况，很怕这些悲惨的命运在你们身上重演啊!

14. 避免和网上、微信上的陌生人邀约。

季大叔 这个人已经在网上和我聊过好久了，是个很好的人；这个人很可靠，只是约我在闹市喝杯咖啡而已；这个人说话很正派，是我很尊敬的大哥哥，等等。如果网上或者微信上有这样的陌生人约你出来，那么大叔告诉你，你危险了。你不去，他就是个好人，也许终生都会是个好人，你一去，也许害得他连好人也做不成了。为什么，因为你很可能会诱惑到他犯罪。你也许认为大叔在吓唬你，这种危险存在的可能性可能10%都不到。可是我问你，你干吗去尝试做一件有10%风险的事物，有那个必要性和迫切性吗？

15. 避免上中奖之类电信诈骗的当。

季大叔 你的手机、微信、QQ等，经常会收到你已中奖，有奖品等你去拿的信息；会收到说你的银行卡出了什么问题，要修改密码；收到你涉嫌贩毒、你的卡在哪里消费了等之类的信息或电话。你应该知道这些都是诈骗行为，不知道有多少人已经上当，大叔当然不希望下一个上当的是你。电信诈骗一定会持续很久的时间，期间也会产生变种，会变得更隐蔽、更高明。但是你只用一招就全破了它，那就是你不贪，你不相信任何突然到来的“好事和坏事”，你不相信这世界上有免费的午餐，有不明之事须仔细核实。

16. 避免去陌生人家里。

季大叔 这个陌生人很诚恳地说，同学能来帮我个忙吗？我家里老人病了帮我抬下楼。或者他说，你要的那个东西我家就有，我便宜一半卖给你，等等。遇到这类的邀约，你当然绝对不能去，不管陌生人说的再好听、再诚恳，你都不能到他的家里，因为也许他是个罪犯。总之如果有陌生人约你去他家里，坚决不去，爱啥啥理由。

17. 避免上陌生人的车。

季大叔 陌生人说了，来吧同学，前面的路还远，你坐我的车捎你一节；或者他说，孩子，下这么大的雨，上车来我送你；或者他说，小妹妹，某某地方怎么走，你干脆上车帮我指路吧，好吗；或者他叫出你的名字，说他认识你妈妈，是她的同事，让你上他的车，等等。记住，全都不要理睬他们。大叔不否认这里也许不都是坏人，但是我说了，就是有1%的风险，我们也没有必要去冒险。

18. 避免去夜店。

季大叔 什么夜总会、KTV、沐足房等，干脆说，任何夜店都不应该是中学生去的地方。那里乌烟瘴气、空气污浊、声音嘈杂，对健康不利；那里人员复杂、鱼龙混杂、泥沙俱下，成年人到那里都要打起三分精神，就别说你个未成年人。如果你过生日，确实想和大家去玩一玩，唱唱K，大叔不反对，但必须有家长陪伴，否则绝不可以。顺便说一下，那里也是假酒假饮料出没之地，尽量少喝为妙。

19. 避免走不熟悉的夜路。

季大叔 今天你要出行，计算着很可能要到晚上才能起身回返，而且要走一节不熟悉的夜路，你就要仔细考虑是否取消出行，或者要家人来接送，这事你应该和父母商量一下，断不可贸然行事。有些地方治安不良，事故频发，但可能你并不知道，走这样的夜路，惹危险上身，那又是何必呢？

20. 避免赌博赌球。

季大叔 大叔是在2012年去的澳门，拿出1000元体验一下赌博（大叔从来不赌，也讨厌赌博，这次就是体验而已），结果总结出赌博为什么我们必输的原理。按说澳门博彩应该是非常公平的，你可以押宝庄家和玩家都行，没有猫腻，输赢全看运气。如果我们赢几把，这时就走还好，但我们人类贪婪的本性使我们往往这时不想走，那就有输光的可能，而这时候可能运气又到了我们这边，该我们赢的时候，我们却已经没子弹了，庄家全胜，你滚蛋出局。这就是结论一：我们没人家子弹多。那下次我们带一亿元去赌，怎么样？结果你还是个输，因为我们拿自己的钱赌，战战兢兢，心惊肉跳；人家发牌的荷官四平八稳，宠辱不惊，几班倒着和你干，你不输才怪。这就是结论二：我们心理上和精力上都斗不过人家。那再下次我们带上几万亿，再带上几班人马去赌，结果还是个输。因为你去了要把你的真金白银换成他们的塑料筹码，而他们直接就拿筹码出场。这就有了结论三：庄家不需要本钱。大体赌球也是这个道理，甚至更难。至于民间的赌博，那就更糟了，一会儿是黑社会，一会儿是出老千，一会儿是公安来罚。即便有赢，往往很快挥霍，一输，轻者心痛、负债，重者跳楼、甚至铤而走险。所以大叔奉劝各位，终身莫赌，赌博是最没出息的人干的事。

21. 避免单独和成年人学习跳舞。

季大叔 大叔始终觉得交谊舞在人的一生里会被用得到，我本人也是个交谊舞高手，但我是在成年以后所学，如果你有机会在高中阶段能学到当然也好，这样你一进入大学或者社会，很容易有出头露脸的机会，这也是好事。但我绝不希望你单独和异性老师学习，因为交谊舞肢体接触频繁而强烈，作为未成年人，你当然不适合和成年人有这样的肢体接触，而如果是有群体组织并且在公共场所集体学习，那就可以。其他有频繁肢体接触的舞蹈，都不应该单独去学习。

22. 避免单独和非家庭成员的成年异性外出。

季大叔 他虽然不是你的家人，但他是你父母或者你的熟人。尽管是这样，大叔也不建议你们结伴外出。人有的时候是个机会主义者，没机会时他就是个正常人，机会来了，他就完全变了一个人，你又何必给人家去创造这个机会呢！风险还是存在的。

23. 避免单独和非亲属的成年人独处。

季大叔 我们小的时候跑去邻居家玩，本来也是常事，但你不得不承认，现在的社会变得复杂了，即便是去熟人的家里，麻烦也有可能来了，随便搜搜，这样的案例太多了，这就要求我们尽量不和非亲属的成年人单独相处，不管是在家里还是在外面。总之是你们还小、还单纯，老是有人喜欢打你们的主意，这一点你们不得不防。

24. 避免去网吧。

季大叔 国家规定了网吧不允许未成年人涉足，但违反规定的网吧和少年依然不少。虽然近年来网吧日渐没落、萎缩，但这里除了是一伙失意成年人的安乐窝以外，也是很多未成年人的避难所，很多社会边缘人和罪犯，在这里饿了吃、吃了玩，没钱就去作案，以至警察抓罪犯，常常跑到网吧，一抓一个准。在今天这个社会，我感觉只有最失败的人才会去网吧，因为他连个电脑都买不起，而且他就知道玩游戏。这样的地方，同学们，那是你们应该去的地方吗？

25. 避免和成年人玩激烈对抗的体育运动。

季大叔 不管是在社区还是在运动场所，都有足球和篮球等强烈对抗的运动，当你在和人高马大的成年人抢球的时候，受伤的往往就是你。如果你不想用力去抢，那你玩得甘心吗？作为未成年人，你的骨骼发育还没有完成，一旦受伤，对以后的成长都可能会造成影响，这实在是很不值得的一件事。

26. 避免吃陌生人给的食物。

季大叔 这个问题在我们小时候父母都已经告诉过我们了，可是恰恰在我们长大以后这一条反倒坚持得不好了，这或许是因为我们自认为有了一些判断力吧，于是就发生了很多被下了迷魂药抢劫和性侵的案件。安全起见，对陌生人给的食物，我们还是说声谢谢，我真的没胃口吃。

27. 避免接触危险有害化学品。

季大叔 危险有害化学品，你除了在实验室能接触到，在有些地方也会碰到，比如危险品仓库、装修工地、化工商店等地点。你到了这样的地方，一定要多留意，不要有那么多好奇心，不要碰倒那些瓶瓶罐罐，对有刺鼻气味的东西尤其要警惕，或者干脆说，你没事绝不要去那些地方好了。

28. 避免单独外出旅行。

季大叔 如果没有家人的陪同，也应该考虑与同学结伴出行。大叔很主张行万里路比读万卷书更重要，但安全不能缺席。现在不管城市和乡村，都会存在一些让人无法预测的事情发生，穷凶极恶的人渣哪里都有，这世界的确很不安全。一个未成年人单独出门旅行，你说不让人担忧那肯定是在说假话了。

29. 避免招摇和炫耀。

李大叔 做人本来就应该是低调的，这就如同唱歌，调子起高了，最后唱不上去，反落为笑柄。在人群中过分地招摇和炫耀，也会招来嫉恨和蔑视，无端地得罪了人。你的炫耀把失意者的怒火引到了你的身上，一旦有机会，他们就可能收拾你；你的炫耀，又可能抢了更喜欢炫耀的人的风头，机会一来，他定会给你好看。这些行为当然是他们的错，但这也是人性的一面，我们无法改变，我们只能改变自己，不去招摇和炫耀。

30. 避免穿着暴露。

李大叔 有女人说，我可以骚，你不可以扰，这话更贴近法律的概念，但她却忽视了人性的弱点的一面。在未成年人阶段的女孩子，应该衣着得体、干净整洁，无论天气多么炎热，都应避免穿着暴露，这个不能说大叔思想太保守。我一再说，我们尽可能不去“诱惑”到别人犯罪，出现这样的结果，定是两败俱伤。女性的身体实在是太美了，但她只能在不同场合做适当展示，未成年女性的美应该透出的是清纯而非性感。

31. 避免接触猛兽。

李大叔 家里附近有人养藏獒，你就要留意了，那家伙六亲不认，野性难消。你也不能把饲养它的主人看成是个永远靠谱的人，否则那么多藏獒伤人的事就都不会发生了。我们对野生动物的好奇心重完全可以理解，大叔的偶像就是狮子，电视里但凡演狮子的节目我从不错过，百看不厌，但去靠近和触摸野生动物，那就是另一回事了。有时动物所携带的细菌可能人类现有的抗生素都对它无效，所以对它们我劝你还是敬而远之。

32. 避免感染流行性传染病。

李大叔 大叔小的时候有一年，学校里很多孩子得了大脖子病（甲状腺肿大），据说是缺碘引起的；夏天的时候又有一半同学得了红眼病，好像看到了谁发财一样，很是可怕。这类的传染病流行速度极快，迅速把他们隔离是避免传染的最好办法，否则我们就要绝对避免和他们接触，发现你身边有人得这类流行病，建议你抬屁股就跑，跑得越快越好。

33. 避免在江河里溜冰。

季大叔 在大叔写这条的前几天，就在山西平遥有六个少年去野外溜冰不慎落水，全部溺亡，家人悲痛欲绝，其状惨不忍睹。我生在北方，小时候也喜欢去河面上溜冰。那么到底什么样的冰面可以去溜冰呢？我听一个有经验的人说过，应该在室外气温低于零下八摄氏度、冰层超过200毫米的情况下，经测试，才可以走上冰面，未成年人绝对要有成年人陪伴才可以上冰面。要我说啊，不让你去吧，那东西对少年的诱惑的确很大；去吧，的确又有风险，所以就按我上面说那个条件行事最好。

34. 避免携带管制刀具。

季大叔 身带刀具可以防身吗？答案是错的，那东西除了给你惹祸屁用都没有。俗话说，身藏利刃，易起杀机。本来你和别人发生了一点小小的争执，你一激动，就很可能动用凶器。如果你没带这东西，根本就啥事没有，和谁吵完了甚至动了手，过几天气都消了，大家该干嘛干嘛。生活嘛，本就难免有磕磕碰碰，都刺刀见红那不是乱了套！如果你担心遇见仇人而身藏刀具，那就更可怕了，因为这意味着这事多半是要发生了，而你也就离这一生的毁灭不远了。伤了人，轻者赔钱，重者蹲20年大狱，日日吃窝头菜叶，家人受连累，自己生不如死。怎么办？你自己看着办吧。

35. 避免到人多拥挤的地方去。

季大叔 中国人喜欢拥挤，知道为什么吗？就是因为我们过去一直以来物质短缺、资源贫乏(呵呵，和你课本上说的“地大物博”有出入了吧)，好像啥事不挤就没你的份，所以干啥都喜欢挤。虽然改革开放这些年生活好了许多，但这病根算是落下了。话说就在我写到这里的前几个月，2014 年 1 月 5 日，宁夏固原市西吉县北大寺就发生了踩踏事故，造成 14 人死亡，10 人受伤。知道为啥挤吗？因为要发免费的油饼。嗨，那您可记住了，这喜欢拥挤的作风和这免费一结合，准没好事。所以啊，一见人多混乱，你就赶紧走人，如果这时候又听说什么要免费发放，得，你就不是走，是赶紧跑吧。提醒你几个容易发生踩踏的情况是，节日上香、体育比赛、腕儿演唱会、灯火表演等。既然我们这个伟大的民族一时半会儿还是改不掉这个毛病，那你就最好远离那些人多拥挤的地方，也把你免得挤成相片。

36. 避免刺激性格偏执、极端的人。

季大叔 要说这性格偏执、极端的人，大叔也是见过一些，也知道他们是家庭坏环境的受害者，他们往往从小缺乏关爱，或者经常遭受家庭暴力，或者遭遇家庭变故，或者家庭条件和自身条件太差，使他们变得性格孤僻、冷漠，怀疑一切，要清楚这都不是他们的错，确实是生活对他们有不公。和他们相处，应该小心谨慎，善言善行，不过多打听他们的事情，不开过头的玩笑，切记不要在他们面前炫耀、展示你的优越感，要避免他们遭受更大的刺激而心理难以承受。能帮助他们我们尽力帮助，有人欺负他们应该站出来为他们说句话，让他们尽量感受到群体的关爱，待走出少年时代以后，很多人就变得逐渐开朗和正常了。虽然马加爵同学很少，但宿舍里有这样的人尤其要注意，理解尊重一下他的作息习惯和兴趣爱好，把和他相处的阶段，看成是锻炼自己的意志、宽容和博爱心的好机会，上帝给的机会，当然不应放过。

37. 避免吃街头的烧烤和油炸等垃圾食品。

季大叔 有一年，大叔赶早出门做事，天刚亮，忽见街上一些人在急切地交易着什么，我一惯好奇心重，近前一看，我的天，全是肮脏不堪的死鸡、死狗肉。问了一下明白人，才知道这些东西都被夜市摊档拿去做烧烤和油炸食品了，这以后我一见到街头烧烤就恶心得不行，从不会光顾。我发现最多的就是女孩子去吃，那些肉一被胡椒、辣椒、酱料等裹住一烧或者一炸，什么味道都被覆盖了，很多人还吃得津津有味。我们国家现在对这些东西的管理还一时难以跟上，很多不良商贩什么都干得出来，我劝各位千万不要去给他们捧场，这实在是一件很恐怖的事情。

38. 避免没家人陪伴去就医。

季大叔 得病了去医院，这很正常，但作为未成年人，你应该在家长陪同下去，因为有的时候医生在了解你的病情和处置的时候，要听取你家人的意见，这样才可能给出一个科学的结论。另外，医院里排队、检查、处置过程有时很麻烦，常会使人丢三落四，让喜欢活跃在医院里的小偷钻了空子。再说，得病了有人陪伴，于心也温暖许多。

39. 避免尝试开车。

季大叔 看别人开车多了，自己心想开车很简单，我上去也能开。等某一天，实在是手痒得忍不住，就去开了一圈。大叔告诉你，这是一件很危险的事情，我承认对一个男孩子来说，操控车上的机械装置的确不难，但操控自己的大脑远比操控机械难得多，这也正是为什么不给未成年人发驾驶执照的原因吧。

40. 避免参与一切援交活动。

季大叔 我想日本人发明援交这种行为，大概是要和赤裸裸的卖淫行为有所区别，但最后区别开了吗？我看区别只是援交行为是不需牌照、无固定场所、无人监管的卖淫行为而已。这几年这种事情在中国也开始出现，一些爱慕虚荣的少女通过援交获得了物质的满足，把父母的脸都丢了个精光。我要告诉你们，这种行为极为危险，不仅会遭到警方的打击和法律的制裁，还可能使自己染病上身，甚至陷入更大的麻烦。因此我劝有此想法的人趁早死了这份心，洁身自好、好自为之。

41. 避免热水器杀人。

季大叔 热水器真不知道已经杀了多少人，大叔每次听到都是摇头叹息。我叹息这花季的生命失去得太可惜，也叹息就这么简单的东西怎么会死在它手里。我们要用煤气或者任何能源烧热水，那么就一定会产生废气，而这个废气就一定要给它一个出口，这个出口一定要对着室外排放出去。在我们洗澡的时候，特别是在自己家以外的地方洗澡，一定要检查，看排放管会不会有泄漏或者堵塞，洗澡间里的空气是否过于密闭严实，在寒冷天气更要注意。只要你具备了这样的安全意识，这样的悲剧绝对不会发生。

42. 避免一氧化碳中毒。

季大叔 大叔小的时候在北方生活，烧煤炭取暖，煤气中毒在社区里时常发生。有一次三个17岁少年一起被毒死，其中一个孩子的妈妈从此精神就崩溃了，我每次见到她都不敢抬头，心里异常难过。过去我们东北人的门是向外开的，据说就是为了在煤气中毒的时候容易打开房门。现在在北方农村和县城，烧煤取暖还是主流，所以你一定要和家人一起，把这件事高度重视起来，尽量使用现代科学的方法解决取暖问题，多花点钱也完全值得。

43. 避免坐在长途客车的第一排。

季大叔 有一年大叔去旅游，在从新加坡去吉隆坡的路上我十分渴望坐在大巴车的头排，视线好极了。然而当地导游告诉我，马来西亚的法律规定，坐在第一排的乘客如果遇到车祸是不予赔偿的。这些年从很多交通事故的教训看，坐第一排的人都是受害最大的，很多都是人直接飞出窗外，可见第一排绝对是高危座位，这一点我希望引起大家的注意。

44. 避免遭损友坑害。

季大叔 堪得莲花心，应知不染尘。交到一个损友，坑害你半生，这样说一点都不夸张。我认识一个小伙和他朋友一起坐出租车，结果他朋友因为线路问题和司机争执并对司机亮出了匕首，司机不容分说，停车开门就跑，报警说有人打劫。要知道，持刀打劫出租车那可是重罪，这小伙的朋友只好逃之夭夭，因为怕说不清楚，他只好也逃了几年，被警察通缉，期间吃尽了苦头，最后还是回来自首。可我们回头想一想，他到底犯了什么罪呢？他完全是被这样的损友坑害的啊！所以，我们交友，一定要睁大眼睛，对那种喜欢惹是生非、占小便宜、不良嗜好多的人应该敬而远之，不去得罪他们，但也绝不和他们深交。

45. 避免产生自杀的念头。

季大叔 记得大概在我13岁的时候，我和父母发生了一次很大的争执。夜里我躲在灶房里，把绳子栓在梁上，几次考虑一死了之，只是最后一丝理智救了我。我还记得著名主持人窦文涛说过，他小时候因为父母反对他穿喇叭裤而差点自杀。青少年自杀问题几乎是全球性的问题，而又尤以中国和日本居多，可见一定是我们的文化和教育里出了问题。青少年自杀的原因无非是缺少爱和被身边人冤枉，如遇这种情况，你们应该去找一个你们亲近和信任的成年人倾诉。假如是老师的错，你就和父母说；假如是父母的错，你就和老师说；假如他们都有错，你就去找你的其他亲人或者信任的成年人，最好去找思想开明、有文化的正派人诉说。如果你一个这样的人都找不到，或者你无法说出口，那就把你的“郁闷”写出来，发到网上，让大家去评论；如果你觉得这样还不行，你就到街上拦住一个警察说；如果最后这些都不行，你就应该学会自我调节，你应该告诉自己，我没什么错，我心里坦然。你还应该理解一下老师和父母，他们也不过是普通人而已，他们也会犯错误，也会办蠢事，这次就原谅他们一次。再说他们也不是要存心和你过不去，一般过一段时间也就啥事都没有了。我们不畏死，但我们要死得有价值。

46. 避免展示你的优越感。

季大叔 不失时机地展示自己优越感的人往往是非常肤浅和愚蠢的人，他们想告诉你他什么都比别人优越，某些特权只有他有等等，这样的人一定会招来别人的嫉恨，他也不会交到很真诚的朋友。因为朋友之间应该是平等的，而有优越感的人他不可能以平等的眼光和心态与人相处，他会有意无意地表现得高高在上，傲视天下，最终把自己搞成个孤家寡人，到成年以后都没几个同学喜欢搭理他，这会对他以后的成长造成极大的负面影响。

47. 避免边走路边玩手机。

季大叔 过年前我去武汉，亲眼看见对面马路一个低头玩手机的女孩一脚踩空跌在了马路边，摔得鼻青脸肿，又见一辆一辆汽车从她身边驶过，当时把我都吓坏了。走路玩手机的习惯真的很恐怖，建议你还是让自己安静地活着，千万别闹腾了。

48. 避免沉迷于色情网站。

季大叔 如果你刚刚找到这类网站，然后你看了一眼就关了，我会明确告诉你：我不信。然后你又说你看了一次就没有再看了，我还是会明确地告诉你：我不信。我知道这类网站的吸引力，如果你一个月偶尔看一次，大叔也不会在这里大惊小怪，但成瘾就很麻烦，需要戒除。当然也不是完全没有办法抵御这种诱惑，办法是：一是给自己每天的时间做精确的安排，不把它安排进去。二是和父母达成上网时间协议，明确上网内容，借助父母监督。注意，要承认人的自律性是有限的，完全有必要引进外力的监督。三是看过的内容都不下载，也不记录网址，让这件事慢慢淡化。最后要给自己一个心理暗示：不就翻来覆去那点儿事嘛，不看也罢。

49. 避免骑自行车撞上刚刚下公交车的乘客和作为乘客被撞。

季大叔 不要说别人，我有一次下公交车也差点被一个二愣子撞上，惊出我一身冷汗。从那以后我每次下公交车都要抢先向后看一眼再下，因为我知道撞我的人不会是马云或者比尔•盖茨，巨额赔偿的想法压根就没指望。同理，当我们骑自行车时也要注意前面刚刚停下的公交车，一定要避开迅疾打开的车门和涌下的人潮。

50. 避免骑自行车或者电动车撞到突然打开的汽车门。

季大叔 这类的惨案不知已发生过多少起，真是让人目不忍睹。那些人在打开车门的瞬间就暴露了他们的无知和粗鲁，但骑手们就应该信任那些看起来紧闭的车门吗？你当然不能相信，特别是那些刚刚停下的车，你都要和他们的车门保持一定的距离来骑行，否则，生命瞬间消失，“这可不是演习”。同理，当我们坐在车里，在打开车门前，一定要先打开一个缝隙向后观察，看好没有来车后再开门下车。

51. 避免在人多的扶梯上酿出事故。

季大叔 大叔虽然没有像鲁迅一样因为碰壁碰得多把鼻子碰扁了（我鼻子还是蛮高的），但碰壁多了也让我变得有点“老奸巨猾”了。我每次在地铁里乘扶梯，都在我的前面留出一到两梯的空位，以防万一。

果然“小心驶得万年船”，有一天我前面是一位推婴儿车的妈妈，突然被卡在出口，我之前见她推个车，就故意离她空出五个梯的空位。在将要撞上她的一瞬间，我用力一把提起了她的婴儿车。试想如果我没有和她留出空位距离，后果真的不堪设想。所以，和这些带车和行李多的人一起乘扶梯，一定要让出最少两梯的间距（对此日本已经立法）。

52. 避免被涨潮的海水卷走。

季大叔 记得有一次在广东阳江海边，我们正玩的起劲，忽然感觉水越来越深，原来除了海水在涨潮，风也比先前大了许多。我们赶紧后撤到海边，否则将非常危险。有人说，大海是魔鬼，它如果想把你带走，只是一瞬间的事，到那时你的游泳水平就会显得那么无关紧要。所以，在大海面前，人应该老老实实承认，你不过就是个菜鸟，需要谨慎再谨慎，方可保平安。

53. 避免饮用酒精饮料。

季大叔 有人喜欢两杯酒下肚就手舞足蹈得找不着北，身边有未成年人也死劝烂劝地让人喝，而且还把能不能喝和是不是男子汉联系在一起。殊不知，未成年人身体还在成长阶段，根本不能承受酒精。过量饮酒，会严重损害未成年人的肝、肾、肠胃等器官，所以很多国家把可以购买酒精饮料的年龄设置在21岁以上，并严格执行该项法律。但在中国，有几个没在21岁以下喝过酒的？

54. 避免私自去建筑工地和工厂车间。

季大叔 我有幸去过一次广州的某建筑工地，结果是让我两只眼睛应接不暇，上面要盯住伸出的钢筋和不小心落下的碎砖，下面要小心踩到钉子或者一脚踩空，两只手还不要乱捞，搞不好捞到电线。工厂车间更是吓人，吊车吊着物料天上飞，地上有刚出炉的材料能烧糊你的脚丫子。那你要问了，大叔你说的也太夸张了吧，人家工人天天在这些地方工作，都咋混来着？我说：他爱咋混咋混，反正你是不能在那里混。

55. 避免驾驶摩托车。

季大叔 1979年我17岁的时候，中国有了嘉陵50摩托车，碰巧我家也买了一辆。哎呦，我那个想骑的渴望哦，真是比天高，比地厚，当时骑上它那威风真是能震塌半个县城。还好，我那时候路上车少，没出什么事。但后来我又买了大马力摩托，基本是一年摔一次，鼻青脸肿那是难免的事。但注意，我那时已经是20多岁的人了。所以，摩托车的魅力对青少年来说太诱惑，危险也是显而易见的。我的意见，未成年人，少碰为好。

56. 避免摆弄枪械或爆炸物。

季大叔 我见过被气枪子弹打进眼睛的人，也见过被猎枪打了脑袋的人。原因不外乎就是青少年社会经验少，干什么事都危险意识不足，本身又都是马马虎虎的大条，所以不出事才怪。要我说，最好的办法就是不要去碰这些东西，现在的生活本身又不是离不开这些东西，何苦没事找事？还有烟花爆竹伤人事件，我都懒得说了，每年过年你就去看报道吧，年年都有，不会落空。

57. 避免在大货车附近骑自行车。

季大叔 事实证明，超长的大货车在拐弯的时候有一个视觉盲区，司机根本看不到盲区里的行人和单车，很多被大货车后轮卷走出事的正是这种情况。另外，大货车司机基本都是急于赚钱的二愣子，疲劳驾驶、超载超重对他们来说是家常便饭，关键时候根本刹不住车，每年不知道有多少人被大货车毙命，所以，珍惜生命，一定要远远地躲着大货车走。

58. 避免在启动的汽车前后指挥泊位或做其他事情。

季大叔 你去问度娘一下，女司机开车撞死给她指挥的老公，你就知道给那些不靠谱的人指挥泊车是件多么恐怖的事。但是，谁靠谱？依我看，谁也不靠谱，我不会给任何人指挥泊车的时候站在车前或车后，我只站在车的侧面指挥。记住，在这个问题上永远不要相信任何人的车技。

59. 避免被猫狗等动物抓伤咬伤。

季大叔 小猫小狗的爪子非常锋利，和它们玩耍的时候被抓伤咬伤几乎是件很难免的事情。一般情况下被抓伤咬伤者需要注射狂犬疫苗，但是，有些动物却不仅仅携带狂犬病毒，它口腔里含有的大量病毒病菌可能是人类现有抗生素无法对抗的，一旦进入你的体内、血液内，后果难料。所以，要经常给宠物注射疫苗和药物，当然，也不要被它抓伤咬伤。

60. 避免吸二手烟。

季大叔 2015 年 5 月 25 日《联合早报》报道，台湾一个 13 岁的孩子血管如同 80 岁老人，血压高达 180 毫米汞柱。即使用了治疗高血压的药，还是无法解决血压的异常。当满身烟味的孩子父亲前来咨询时，专家才明白，可能这个孩子从胎儿起就开始吸二手烟。我现在想想，由于小时候无知，我也吸了不知多少成年人的二手烟，搞得我现在心脏也只好装了支架，谁又能证明和这无关呢？

61. 避免发生长跑猝死。

季大叔 虽然这样的情况很少，但谁知道哪块云彩要下雨呢？依我看，最好在进入初中后接受一些心脏的基础检查，如果条件允许，我看这类的检查应该是百利而无一害的。此外，包括大学生在内的年轻人中，有不少“夜猫子”和肥胖一族，熬夜会导致机体免疫力下降、心脏功能异常，肥胖者的心脏负担也较重，这些人在参加长跑运动之前更加要小心。

62. 避免乘坐喝过酒的人开的汽车或者摩托车、电动车等。

季大叔 夜已深，大家喝过酒出来，有人和你说，一起走吧，我开车（或者骑摩托、电动车）捎你一节。你知道他喝了酒，但你会拒绝吗？我想，多数年轻人不会拒绝。于是，你给自己带来了可能送命的风险。你可能会笑我太谨慎了吧，这种概率很低的啊。但我问你，你干吗不让这种概率为零？

63. 避免玩篮球时双手扒挂篮筐。

季大叔 现在的年轻人身高越来越高，弹跳力也越来越好，很多人起跳后能抓住篮网，而更多高手已经能直接抓住篮筐了。但我告诉你，中国的这些篮球架有些很不靠谱，各地有各地的风格，稳定方式并没有全国统一的标准，NBA 那一套不是在哪里都行得通，你去抓住篮网或者篮筐，很可能将篮球架整个抓翻倾倒，然后重重砸在你身上，让你小命难保。什么，没有这事？懒得和你费口舌，自己去找度娘吧。

64. 避免在刚刚装修后的房间休息过夜。

季大叔 有一次我一个朋友的眼睛老是泪流不止，他也说不出个所以然。等第二天见了他，问题更严重了。于是我忽然想起他们家刚刚装修过，这才使他恍然大悟，急忙搬了出去，把房屋窗子全打开，准备晾一个月，再检测一下甲醛含量才会入住。记住，什么时候都要对新房子和新家具保持足够的警惕，有些儿童得了白血病，就是这个原因。

65. 避免被突然到来的洪水卷走。

季大叔 我国南方的许多城市、乡村，每年都会遭遇洪水。我要说的是，真正的大洪水，人们一般都会有足够的警惕，但有些看似不大，却比较集中的洪水，往往会使人丧失警惕，以为可以涉水过河，于是就容易被忽然加大的洪水席卷而去。总之我们要记住，洪水季节，不轻易过河，实在要过河也要“摸着石头过河”。

66. 避免报考假大学。

季大叔 每年到毕业季，网上网下的野鸡大学就开始有模有样地招生了，他们要网站有网站，要手续有手续，要地址有地址，甚至要老师有老师，要开课能开课。可惜，都是假的。每年上当者前赴后继，最后连个“克莱登大学”的文凭都没拿到，赔了时间搭了钱，憋气窝火。特别是那些考不上大学，家里人又特别想你上大学的家庭，上这类当的最多，这也没什么奇怪的，病急乱投医嘛。所以，这时一定要看仔细，对方学校是否有教育部门备案,往年的情况怎么样,一定要调查清楚了。

67. 避免“忌疾讳医”。

季大叔 我小的时候，我的母亲就自己认定她的腹痛就是胃痛，于是就当胃病对付了二十几年，还是一次偶然的机会到大医院才检查出是胆囊炎，敢情胃啥事没有。无独有偶，我的大兄长自我认定自己是得了胆囊炎，经常痛得哼哟嗨哟的，让他去看，他就说是胆囊炎，止痛就行。就这样痛了二十多年，一次痛的实在受不了了，被儿子逼迫去了医院，结果一查，是胃炎，胆囊啥事没有，吃几副中药，再没痛过。所以，有问题就及时看医生，忌疾讳医的鸵鸟心态要不得，搞不好把小病拖大。至于像他们一样自我诊断，那就更是愚不可及。我的母亲和兄长都是属于那种不听劝的强势人物，喜欢自以为是，所以，办这类的蠢事是这类人物的专利。

68. 避免露财炫富。

季大叔 美国心理学家做过试验，说人在看到大笔钞票的时候，瞳孔都会放大。所以，商人一般都明白，尽量不在公共场合暴露大笔钱财，以免被不轨者觊觎。问题是在我看来，小笔财富都不要去暴露，现在很多毛贼已经穷凶极恶，为一点小钱就敢铤而走险。所以，类似于数钱这类事情应该把它看成是极其隐私的事情，应尽量不被其他人看到为好。当然，故意炫富就更要不得，那是在给好嫉妒的人和罪犯提供靶子。

69. 避免运动后喝大量冰冻饮料。

季大叔 你如果有几次这样干没发生什么事，那你就当走运，赶紧收手吧。因为剧烈运动后能使体温上升，这时吃大量冷饮对消化道是一个强冷刺激，会引起消化道强烈蠕动，产生腹痛、腹泻。同时，冷热的急剧变化会使胃部血管突然收缩，次数多了就会引起消化吸收功能失调，造成消化不良或其他疾病。我也这样想，会不会冰冻饮料给体内细菌一个繁殖的合适温度，引起感染呢?

70. 避免走夜路、进楼道被尾随。

季大叔 身为一个大男人，我一个人走夜路的时候也会经常留意我的身后，因为我确实担心受到袭击或者遭遇其他不良企图者，安全意识已经是我的本能的一部分。但我们很多小女生恰恰没有这种意识，以致遭受袭击。特别是走进楼道以后，如果身后有人紧跟，就更需要警惕，迅速做出应对措施。

71. 避免被敲诈。

季大叔 有人捡到钱包要和你分钱这类老套路就不说了，因为这样敲诈学生的不多，但很多治安不好的地区会发生小混混敲诈学生的现象。遇到这类情况，你千万别畏惧，一定要报告学校、家长。如果你觉得好像有点什么把柄被他们抓住也不要怕，什么把柄不把柄，都是扯淡的事，这时候什么把柄都是狗屁，摆脱敲诈才是最重要的事。

72. 避免在警察抓捕罪犯的现场驻足围观。

季大叔 喜欢看热闹是我们国民的特点，原因概括说，一是老土，啥也没见过；二是闲得无聊，没啥正经事做；三是还没因此吃亏。很多时候警察办案，被看热闹的围个里三层外三层，让警察很是无奈。其实，这非常危险，有些罪犯为了拒捕，什么都干得出来，有些还有刀有枪。你在那里当电影看，啥时候飞来一颗子弹把你鼻子打歪你就知道厉害了。更可怕的是，你可能忽然被罪犯抓来做人质。大叔没吓唬你，遇到这类事劝你还是赶快走人。

73. 避免在车祸现场驻足围观。

季大叔 发生车祸，特别是在高速公路上，有一套严格的程序，而其中最重要的，就是立即报警和撤离现场，以免发生二次车祸。在其他路面，围观车祸也是极不可取的，一是汽车燃油泄漏可能会发生爆炸，二是其他方向的来车可能闪躲不及把围观者撞飞。各位别侥幸，这类事情已经没少发生了。

74. 避免滥用抗生素。

季大叔 （转一段网文）“一直以来，中国都是滥用抗生素最严重的国家。抗生素虽然能有效地防治人类的疾病，但过量使用会抑制体内的有益菌，使肠道菌群失衡，引起疾病。重复使用一种抗生素可能会使致病菌产生抗药性，衍生出更多的强势菌种，使得所有的抗生素全然失效，如某些地方耐药的金黄色葡萄球菌已达80%~90%，另外有些用药者对抗生素会产生过敏反应，所以你应提醒父母询问医生，科学合理地选择抗生素类药品。”看到了吧，抗生素可不是猪肉炖粉条，绝对不能可劲造。

75. 避免“目中无贼”。

季大叔 阿拉伯有句谚语：相信真主，拴好你的骆驼。我经常批评身边的女孩子容易目中无贼，上街背个包大大咧咧，特别是如果两个女孩子一起逛街，神聊、购物的精力特别集中，包里的钱早被贼拿走了却浑然不知。其实，防贼也并非难事，只要你目中有贼，贼就难有机会。老话讲，天天吃饭，夜夜防贼，这话一点没错。

76. 避免假期未经家人同意私自做兼职。

李大叔 在这个问题上你最好还是不要奢望给家人一个什么惊喜，你要清楚知道的就是你对外面世界什么都不知道。我从来不反对学生去做一些社会实践活动，但一定要避免上当受骗和遭遇风险。因为很多兼职模特、兼职广告、兼职推销的事往往是骗你没商量的，所以你如果在假期想做一些兼职，一定要取得家人的把关同意才可以去，切忌自以为是。

77. 避免对任何“轻松赚大钱”的信息抱有幻想。

李大叔 这个世界上，轻松和赚钱本质上是一对反义词，想轻松就别想赚钱，想赚钱就别想轻松，何况还要赚大钱。但很多人骨子里懒惰得要命，你一说轻松赚大钱，他就宁愿相信这是真的，一会交点培训费，一会交点保证金，一会交点材料费，最后一分钱没赚到倒被骗走一笔钱。所以我要劝劝各位，掂量掂量自己那两把刷子，赚大钱的事有什么理由会轮到你？听说过躺着中枪的，谁听说过躺着赚大钱的？

78. 避免单独进成年人的宿舍，特别是异性的，包括老师的。

李大叔 有心理学家经过研究统计得知，成年男人每40分钟就想到一次性，成年女人每2个小时想到一次性。如果你是个很单纯可爱的女孩，毫无戒备地走入一个成年男人的单身宿舍，那么你给他的犯罪诱惑实在是难以抗拒。我们不能指望每个男人都是谦谦君子，我们要指望的是自己绝不给任何人提供侵犯的机会。老师是他的社会属性，但他的生物属性也是非男即女，减少老师被诱惑的机会，也是对老师的一种保护。

79. 避免暴饮暴食导致肥胖。

李大叔 很多心理学家把肥胖的人说得神秘兮兮，一会说是基因，一会说是病态，一会说是心理疾病，等等，不一而足。但我却相信我眼睛看到的东西，我小的时候是中国的20世纪60、70年代，食物匮乏，想找个胖子很难。所以，什么这个病、那个病，就是嘴上不检点而已。那胖子们为什么不收敛自己嘴上的行为呢？这说来就是三观问题，他觉得吃得舒服，比形象和健康还重要，就这么简单。按理说人家自己都是花钱买臭豆腐——要的就是那个味，我在这里也实在是操闲心。但我这里是在对未成年人说话，当然要操心，如果是成年胖子，我可懒得多说一句。

80. 避免经常憋尿。

李大叔 虽然老话说“活人怎能被尿憋死”，但憋不死却可能被憋坏。看过一个报道，说有个人打麻将憋尿，结果导致膀胱爆裂，差点送了小命。据我所知，青少年玩网游等更可能憋尿，虽然没有个个都爆裂，但把膀胱憋大，使其失去韧性而难以恢复，就是难免的了。就像一个气球，你把它吹大几次，你再看看它放了气以后还能恢复原来的大小吗？不过你实在管不住自己，那你就搞个尿不湿也好，以后大叔就可以去网吧推销尿不湿了。

81. 避免在不正规的小诊所看病。

李大叔 上世纪90年代我有一个同事在东莞一家小诊所做事，当时有很多小姐染上性病后就来诊所打抗生素。诊所老板把进口药稀释了10倍以后打给小姐，让她马上就好，但又不能去根，以便她永远来给老板送钱。这类的小诊所到底有多少猫腻？我不知道，也不想知道，因为反正我是不会去那里看病的（但请不要把社区医院等同于这类小诊所）。

82. 避免参与邪教组织。

季大叔 未成年人参与邪教组织多数与家长身在教中有关，2014 年山东麦当劳发生的邪教杀人案中出现了未成年人身影就是这个原因。所以，当你发现家人整天神神秘秘、鬼鬼祟祟参加一些古怪的聚会和看一些迷信的书籍，你就要注意了。可以和家中其他亲戚先沟通一下、分析一下，或者同社区管理者沟通一下，听听他们的意见也好，也可以汇报给老师，甚至直接报警。但记住，最好隐藏身份，不要让他们知道是你在告密。至于你自己更不可以因为他们那些“教义”似乎说得有理而轻信，绝不能摸不准坟茔乱磕头。

83. 避免到高海拔地区旅游。

季大叔 2014 年夏季我上了一次云南玉龙雪山，海拔 4000 多米。上去后感觉非常不舒服，脑袋昏昏然，有些头重脚轻，氧气明显不够，每走一步都气喘吁吁。我当然知道这就是高原反应，我们一行十几个人，其中 4 个中学生，都明显感到了不舒服。但每个人反应的强烈程度不同，如果再往高走，或者再在高原多呆几天，问题就难说了。所以，当家人带你去高原的时候，我建议不要在超过 4000 米的地方久留，或者干脆就不要去。

84. 避免在雾霾天进行户外活动。

季大叔 带口罩我看也不管用，那雾霾多大的颗粒都有，啥能挡住呢？所以，遇见大雾霾天就少点户外活动，给上呼吸道减少点负担，保障好身体，做好和雾霾长期抗战的准备，给它来个“敌进我退”。

85. 避免轻易给陌生人开家门。

季大叔 强盗要想骗你开门，会有很多说辞，什么修水管、修电灯，什么你的钥匙插在门上了，什么送快递，等等。你如果没搞清楚情况，就轻易把门打开，就很可能面临巨大的风险。所以，如果是你自己在家，在这方面提高警惕，总不是坏事。有一次大叔和楼上新来的的住户交涉我家漏水问题，那女主人隔着防盗门尽情地和我交谈，就是不打算给我开门。我实在是很气恼，但回家以后还是觉得这个女人做得对，我希望你们也有这样的头脑。

86. 避免帮别人带小孩。

季大叔 你会不会觉得大叔有点不近人情啊？临时帮别人照顾一下孩子应该没什么大不了的吧，过去时代不是常事么？NO，我可不这么看，我觉得这是个风险太大的事了，不能和过去比。你说过去有那么多人贩子吗？过去有那么多车吗？过去有那么多电梯吗？过去的楼有那么高吗？当然都没有。对高中生来说，你们也是未成年人，对这个社会存在的安全风险自己都认识不足，还要带个不懂事的孩子，这能让人放心吗？我有次去马来西亚，同行有朋友5岁的男孩，这小家伙在街上动不动就突然加速奔跑，把我们搞的疲于奔命，那时候我就心想，以后别人给多少钱我也不能帮他带孩子，万一出点事可怎么交代，这责任实在太大了。

第十章

季大叔给中学生的100个忠告

1. 想知道为什么这世界上很多人是庸庸碌碌的吗？就是因为他们在少年时代就没有好奇心，他们不只对火星上到底有啥毫无兴趣，也对墙角开出的一朵小花毫无兴趣。

2. 学习中最可贵的精神就是敢于质疑，质疑面前无权威、质疑面前无绝对正确。权威可以质疑、家长可以质疑、老师可以质疑、课本可以质疑、政府可以质疑，大胆说出你质疑的理由，就已经可以获得掌声了。

3. 对音乐一无所知，你最好别和我谈什么高雅。

4. 所谓吃亏，往往就是你付出很少的代价，就买回一个无价之宝：大气和豪爽的名声。

5. 很多的忧虑就是因为你没有行动起来，去面对引起你忧虑的问题。

6. 旅行是成长需要的维生素，很难说它和读书谁更重要。

7. 很多妈妈怕孩子小时候吃苦，所以孩子成年以后往往就很吃苦。

8. 很多时候，面子就是一堆垃圾，你过分爱它，你就会变成垃圾箱。

9. 爱面子的原因就是缺少面子，所以没面子的人最喜欢要面子。

10. 中学生不要轻易对异性说我爱你，因为你最应该说这句话的时候，很可能是十年以后了。

11. 对一个人，我们往往会对他进行两次归类，一次是看到他以后，另一次是和他相处以后，而决定你对他采取什么态度一般是取决于第二次。根据这个逻辑，你就知道那些追星族是多么的不靠谱了。

12. 宁可把今天的饭推到明天吃,也不要把今天的事推到明天做。

13. 是经常抱怨生活还是经常感恩生活，就能决定你的一生能否幸福。

14. 睡前感恩地默念：我要感恩我的父母、我要感恩我的老师和同学、我要感恩生活，这样你就会迎来一个美好的明天。

15. 体育课能够测试我们的勇气。

16. 大叔今年已是年过半百，少年时代有过很多烦恼，现在看来，那些烦恼，就像小小的灰尘一样不值一提。知道我是想告诉你们什么了吧！

17. 少年时代，如果你爱一个女同学，也可以静静地去爱，你安静，让她也安静，那不也是很美的吗？

18. 我亲爱的同学，你可以离学校附近小商店里的垃圾食品远点吗？我是怕你的肠胃被添加剂击穿。

19. 每一篇作文都是一个创作过程，它和其他作业最大的不同大概就是在你写出这篇文章之前，从没人这样写过。

20. 有成就的人，几乎都是同时能写作的人，不信你去查查。

21. 大叔少年时代就看透那些言情小说太垃圾，如果你一定要被这类书洗礼一次的话，我劝你洗快点，因为这毕竟是在浪费生命。

22. 最好有一种活动，你在全班是第一名，这会极大地提升你的自信。比如，你的笛子吹得最好、你作文写得最好、你的乒乓球最好、你歌唱得最好、你的书法最好等。当遇到某一种活动，大家就会想到你是最好的，那么你做其他事情的信心也会提升。

23. 想做班干部只能有一个原因，那就是你爱你的同学，想为他们服务，除此之外的任何原因，说出来都可能是自私和可耻的。

24. 我的内心告诉我："随便怎么考吧，我真的尽力了"，问题是你的内心真的这样说了吗?

25. 聪明的女孩应该是表面柔弱、内心强大的。

26. 再穷都莫想去偷，大叔从没见过有做贼发财的，却没少见过做贼下狱的，可以说这门生意是世界上技术含量最高、风险最大、收获最小的，只有最傻的人才会去做。

27. 当你在生活中遭遇强大的对手时，要学会借用与他同样强大的力量去对付他，而不是孤军奋战或者弃甲投降。假如父母对你不公，你就找老师评理；反之如果老师对你不公，就找父母倾诉；如果他们都对你不公，就去找其他亲人、就去找政府和媒体倾诉，等等。这就叫借力使力。

28. 少年人有不因言论而陷入恐惧的自由。

29. 绝不为没有到来的忧虑而忧虑；绝不为没有到来的恐惧而恐惧。

30. 不论老师和学生，发生冲突时能控制情绪的一方就是先生。

31. 唯一比天堂还幸福的地方应该就是学堂，珍惜吧!

32. 在规则面前只有两条路可走，要么改变规则，要么遵守规则。

33. 真正的英雄，从来都是把出风头的事让与别人的，因为他知道，英雄的风头是不需要去争抢的。

34. 知道大叔对什么样的孩子最失望吗？那就是在学习中一遇到困难，就轻言放弃的孩子。

35. 努力了也不一定学的好这是事实，不努力就一定学不好这也是事实。

36. 优越感是倒霉前的征兆。

37. 老师对学生的吼声越大，说明他的内心越不够强大。

38. 荷尔蒙就是上帝发给一个16岁孩子的炸弹，而且没有使用说明书，如何应对它，你听到的答案基本都是支支吾吾。

39. 不必急着羡慕那些学习尖子，后来的很多事实证明他们有些只是计算器而已，等他们知道了什么是创新再说吧。

40. 你若否定别人的一个方案，一定要能拿出你自己的方案，因为只会否定的人是不受欢迎的人。

41. 心怀仇恨者，伤害的往往就是自己。

42. 在对待任何事物上，质疑的声音往往最刺耳，也最宝贵。

43. 人类的每一次进步，都是来自于对旧有框架的冲击，而首先发起冲击的那个人，一定是个不按常理出牌的人。

44. 全体举手通过的事情，错起来往往会更恐怖。

45. 当一座大厦里已经完全听不到反对的声音时，那就是这座大厦将要倒塌之时。

46. 学好基本的知识，努力提高个人品味，学会鉴赏艺术精品。

47. 不要听类似于“不要让孩子输在起跑线上”之类的屁话，人若想进步，哪天起跑都不晚。

48. 最高层次的文明就是懂得感恩。

让我们一起来感恩默念：
我要感恩我的父母带我来到这个世界，
我要感恩我的老师传授我知识，
我要感恩我的同学们日日与我相伴、带给我快乐，
我要感恩小店里的夫妻卖给我可口的早餐，

我要感恩清洁工把路面打扫得那么干净，
我要感恩身边的每个人，
我要感恩生命的每一天。

49. 虚荣和成熟是成反比的，此消彼长，很多人费尽心机、抛财舍命为虚荣，一朝明白又穷尽毕生之力练成熟。

50. 只有给孩子带来知识和勇气的父亲才是合格的父亲。

51. 有时迎合别人是宽厚，有时拒绝别人是勇气。

52. 大叔活了半辈子有一个小发现：对别人疑心大的男人有两类：一类是暴君，另一类是没有出息的人。

53. 获得爱和释放爱能同样温暖我们的心灵，当你需要爱而又得不到爱的时候，最好的办法就是去释放你的爱。

54. 一个行为中规中矩的孩子，不可能有汪洋恣肆的思想；没有汪洋恣肆的思想，就不可能有出其不意的创新。

55. 规范行为的叫纪律，规范思想的叫专制。

56. 驯兽师每次都会给完成动作的动物以奖励，从不欠账，很可惜我们有些家长和老师还不明白这个道理。

57. 诚信一生，财富自来。

58. 诚信就像贞操，你只能有一次破坏它的机会。

59. 生活中你表现得有多强势，你遇到的对手就可能有多强大；有时候我们需要示弱，以麻痹我们对手的斗志。

60. 两个来自于贫富反差巨大的家庭的人做朋友，十有九对最终会不欢而散，剩下那一两对往往就是最优秀的人。

61. 网吧里走不出优秀人物，就像你不能指望长颈鹿从老鼠洞里走出来一样。

62. 没有音乐我们更多的时候是活着，有了音乐我们更多的时候是生活。

63. 生活中过于追求完美，就是在追求烦恼。

64. 大叔活了五十多年，只接到过天上掉下来的坏事，从没接到过天下掉下来的好事。

65. 在我看来，追求整齐划一所收获的好处，远远弥补不了同时扼杀个性所带来的损失。

66. 即便被苦了心智、劳了筋骨，也不要等着天降大任，没人该你的。

67. 我经常劝那些以骂孔子为时髦的人抽空多骂骂自己，收获或许更大。

68. 历史学得好的人，应该连自己今天为什么会混成这样都能找到轨迹。

69. 低头不语也可能是在胡思乱想，两只眼睛望着天花板也可能是在沉思，关键是在想什么。

70. 赚不到第一桶金，就去赚第一桶声誉。

71. 自卑是压在自卑者头上的一座大山，奇怪的是这座大山往往是自卑者自己压上去的。

72. 少拿什么错过的爱情自己吓唬自己，你若优秀，好逑自在。

73. 当爱情已经到了要靠不断发誓来维持的地步，那就离分手不远了。

74. 女孩子最好悠着点，不要抢在18岁以前就把自己变成女人。

75. 早恋给我的感觉有点无证驾驶的味道，难免不让人为两个驾驶员捏把汗。

76. 只有那个经常让你笑的人，分手时才会让你哭。

77. 人生是残酷的，有时活着就是一种成功。

78. 如果你在中学生涯里能收获到满满的爱，那你迈向更大的成功只是迟早的事了，这才是教育。

79. 什么是好学生，我认为不做坏事的都是好学生。

80. 什么是成功人士，我认为：对个人来说，你的一生开心的日子比别人多，你就是成功；对群体来说，你为社会做的越多你就越是成功。

81. 世界上没有什么伟大事业可以伟大到需要不择手段去实现。

82. 早恋本身是符合人性和生理规则的，只是我们没有精力、耐心和把握应对随之而来的问题。

83. 不论你是初中生还是博士生，在没有给社会创造财富之前，你们的价值是相同的。

84. 我们谦虚不是因为我们差，而是因为我们尊敬别人。

85. 一个很市侩的老师教出的学生不一定市侩，但这个学生在对待他的时候一定会很市侩。

86. 很多时候没人愿意领取别人的教训，他们显得很有志气，喜欢自己创造教训。

87. 每个个人的荣誉，也一定会是集体的荣誉，而那些以集体荣誉为名践踏个人权利的行为则恰恰是集体的耻辱。

88. 每个人都能在一个集体里捍卫和享有自己的权利，这就是这个集体最大的荣誉。

89. 一方拥有绝对权利的结果就是无权的一方绝对的不负责任。

90. 有事就认真做，有没有回报是“上帝”考虑的问题。

91. 当一件事出现坏的结果以后，狡辩者说得最多的一句话就是动机是好的。

92. 说谎的人可恨，不得不说谎的人可悲，而逼迫人不得不说谎的力量可耻。

93. 有些谎言虽然很接近你的愿望，但靠它止渴却是懦夫的行为。

94. 民众多数时候就像沉默的巨石，当被杠杆撬动的时候才能显现它巨大的力量。

95. 没有爱的教育，你纵有再多的教育理论，也只能把它们一条条码放在墙角，看似整齐，实则乏人问津。

96. 不要把对某种物质的满足称之为梦想，因为它太容易实现，且品位不高。

97. 请举个诡辩的例子：当你说你需要自由的时候，有人就会说，绝对的自由是没有的。请注意，“绝对”两个字是他加上去的。

98. 精神病谁都知道是一种疾病，但你可能还不知道不理智也是一种精神病。

99. 没有人能强大到不需要朋友。

100. 昨天已过去，明天还没到，今天开心很重要。

本忠告已经**“消毒”**，请放心使用。